LES

AUTEURS DÉGUISÉS

DE LA

LITTÉRATURE FRANÇAISE AU XIXᵉ SIÈCLE.

PARIS. — IMPRIMERIE DE GUSTAVE GRATIOT,
rue de la Monnaie, 11.

LES
AUTEURS DÉGUISÉS

DE LA LITTÉRATURE FRANÇAISE

AU XIXᵉ SIÈCLE.

ESSAI BIBLIOGRAPHIQUE

Pour servir de Supplément aux recherches d'A.-A. Barbier sur les ouvrages pseudonymes,

PAR J.-M. QUÉRARD.

PARIS,

AU BUREAU DU BIBLIOTHÉCAIRE, 55, RUE JACOB.

—

1845

PRÉFACE.

Beaucoup d'écrivains de notre époque contraindront à de rudes investigations les Saumaises futurs qui voudront écrire l'histoire littéraire de la France au xix° siècle. Ce n'était pas assez que le manque de courage, que la modestie et la médiocrité honteuse nous inondassent d'une quantité effroyable d'ouvrages anonymes, il a fallu encore, pour apporter plus de confusion dans les archives littéraires, qu'on dissimulât ses noms sous des pseudonymes, sous des noms usurpés, sous des prénoms au lieu de noms, sous des qualités fictives au lieu des qualités véritables, sous des noms de villages au lieu de ceux des pères de beaucoup de nos médiocres écrivains. Un malin petit journal s'égayait, il n'y a pas longtemps, et non sans raison, dans un article spécial, de la manie de nos auteurs contemporains pour les pseudonymes. « Le domaine littéraire, disait ce journal, est aujourd'hui un grand bal masqué, dont le public paye les violons. » C'est une fièvre qui se propage de plus en plus parmi les littérateurs actuels, et nous en connaissons plusieurs d'entre eux, dont nous avons déjà dit les noms, et beaucoup d'autres que nous aurons occasion de faire connaître dans la « Littérature française contemporaine », qui en ont trois, six et jusqu'à dix de rechange. Heureusement que, de loin en loin, il surgit d'infatigables dépisteurs qui s'attachent à signaler ces travestissements ; et un jour vient où chacun doit rendre compte devant leur tribunal révélateur, et sous le nom inscrit au registre de l'état civil, des productions dont il s'est rendu fauteur ; alors ces dépisteurs font tomber les masques, et nomment chacun par son véritable nom.

C'est aux Allemands que l'on doit les premières recherches sur les écrivains anonymes et pseudonymes. Dès 1670, un anonyme fit paraître un ouvrage intitulé : « Larva detracta, h. e. brevis Expositio nominum, sub quibus Pseudonymi quidam Scriptores recentiores latere voluerunt. » (Veriburgi, in-12). Quatre ans plus tard, Vincent Placcius publia un ouvrage sur les auteurs anonymes et pseudonymes (1), dont Joh.-Alb. Fabriccius donna une édition très augmentée en 1708 (2). Le même éditeur avait fait paraître avant cette édition de Placcius un livre intitulé : « Decas Decadum, sive Plagiarum et Pseudonymorum Centuria » (Lipsiæ, 1689, in-4°), qui a été réimprimé, avec des additions dans les « Opusculorum historico-critico-litterar. sylloge, » du même, Hamb., 1738, in-4, pages 1-106. Vinrent ensuite Pierre Dahlmann (3), C.-A. Heumann (4), Godefroy Louis (5), W. Forster (6) et Mylius (7). Les derniers pourchasseurs d'anonymes et de

(1) *Vincentii Placcii*, de Scriptis et Scriptoribus anonymis atque pseudonymis Syntagma, 1674, in-4.

(2) *V. Placcii* Theatrum Anonymorum et Pseudonymorum, ex symbolis et collatione vivorum per Europam doctissimorum et celeberrimorum, post Syntagma dudum editum, summa b. Auctoris cura reclusum et benignis auspiciis *Matthiæ Dreyeri*, cujus et Commentatio de summa et scopo hujus operis accedit, luci publicæ redditum. Præmissa est præfatio et vita auctoris, scriptore *Joh.-Alberti Fabriccii*. Hamb., 1708, in-fol. —Cette édition, très préférable à la précédente, contient 6,000 auteurs.

(3) Auteur du livre intitulé : Schauplatz der masquirten und demasquirten Gelehrten, bei ihren verdeckten und nun mehro entdeckten Schriften. Leipz., 1710, in-8.

(4) *Heumanni* Schediasma de Libris anonymis et pseudonymis, complectens Observationes generales ad V. Placcii Theatrum anonym. et pseudon. Jenæ, 1711, in-8.

(5) *Godofr. Ludovici* Exercit. de Scriptis anonymis et pseudonymis in causa Religionis a progressu coërcendis. Leips. 1711, in-8.

(6) *W. Forsterii* Bibliotheca anonymorum. Hamb., 1720, in-8.

(7) *Joh. Christph. Mylii* bibliotheca anonymorum et pseudonymorum detectorum, ultrà 4,000 scriptores, quorum nomina latebant antea ; omnium facultatum, scientiarum et linguarum complectens, ad supplendum et continuandum Vinc. Placci theatrum anon. et pseudon. et Christph. Aug. Heumanni Schediasma de anon. et pseudon. Cum præf. *Gottlieb Stollii*. Hamb., 1740, in-fol. — *Ibid.*, 1740, 2 parties in-fol.

pseudonymes de l'Allemagne, mais qui se sont occupés exclusivement de leurs écrivains nationaux, sont : J. Samuel Ersch, celui-là même à qui nous devons une « France littéraire » non sans mérite ; il publia à Lemgo, en 1788, un Catalogue de tous les livres anonymes mentionnés dans la quatrième édition de la « Gelehrte Teuschlands » et ses deux premiers suppléments ; six ans plus tard, il fit imprimer un supplément à ce même Catalogue, contenant les ouvrages anonymes mentionnés dans les troisième et quatrième suppléments de la « Gelehrte Teutschlands, » qui avaient paru dans l'intervalle (1). Enfin, M. Aug.-Godf. Schmidt, qui, en 1840, a publié un travail particulier sur les écrivains pseudonymes allemands des dix dernières années ; son livre a paru sous ce titre : « Gallerie deutscher pseudonymer Schrifsteller vorzüglich des letzten Jahrzehents. Ein Beitrag zur neuesten Literargeschichte. » (Grimma, in-8). Le volume de M. A.-G. Schmidt, est, comme l'Essai que nous publions aujourd'hui, disposé sur deux colonnes, dont l'une donne le pseudonyme, et l'autre donne, en regard, le véritable nom.

Les Italiens comptent aussi un bibliographe qui, au XVIIe siècle, s'est occupé des écrivains pseudonymes italiens de son temps. Le résultat de ses recherches a été publié après sa mort, sous le titre assez bizarre de « La Visiera alzata hecatoste di Scrittori, che vaghi d'andare in maschera fuor del tempo di Carnovalle sono scoperti da Pietro Giac. Villani. » (Parma, 1689, in-12). Le nom de l'auteur serait lui-même un pseudonyme, car on attribue cet ouvrage à un des historiens littéraires de l'Italie, à Angelico Aprosio (2), né à Ventimiglia, en 1607, mort en 1681. La Visiera alzata, etc., est pleine de choses curieuses, et elle est très rare.

La France, après l'Allemagne, compte le plus grand nombre de bibliographes qui se soient occupés de recherches sur les

---

(1) Première partie, 1788, in-8° de 174 pages. Deuxième partie, 1794, in-8° de 272 pages.

(2) Auteur d'une Bibliotheca Aprosiana (ou des Augustines, de Vintimiglia, bibliothèque qu'il avait formée), Bologne, 1673, in-folio. Ouvrage qui abonde en notes curieuses sur les livres, et dans lequel on trouve des particularités sur la vie de son auteur.

écrivains anonymes et pseudonymes. Adrien Baillet est le premier des écrivains qui ont révélé les noms d'un certain nombre de noms déguisés d'auteurs français, antérieurs à 1690 (1). Après lui nous devons citer un libraire, Detune, qui passa une grande partie de sa vie à acquérir des renseignements sur les écrivains anonymes et pseudonymes (2). Detune mit en ordre le Catalogue de la bibliothèque de feu Matheus Lestevenon, qui fut imprimé à La Haye, en 1798, in-8 ; il dévoile dans cet excellent catalogue quinze cents auteurs anonymes (3). A la fin du siècle dernier et au commencement de celui-ci, un bibliographe hollandais, Van Thol, alors conservateur du dépôt littéraire de Saint-Louis-la-Culture, s'était activement occupé de recherches sur nos dieux inconnus et nos Janus littéraires. D'après une lettre de Van Thol, en date du 15 messidor an XIII (4 juillet 1805), adressée à Millin (4), et par laquelle il cherchait à établir un droit de priorité sur les ouvrages ayant quelque analogie avec le sien qu'on pourrait publier, il déclarait que son travail renfermait à cette époque 13,200 articles. A.-A. Barbier, qui connaissait ce travail, exprimait, en 1803, dans la préface de son Catalogue de la Bibliothèque du conseil d'État, le vif désir qu'il vît le jour (5) ; mais la mauvaise santé de Van Thol, d'un côté, l'em-

---

(1) Auteurs déguisés sous des noms étrangers. Paris, Dezallier, 1690, in-12.
(2) A.-A. Barbier, préface du Catalogue de la Bibliothèque du conseil d'État.
(3) Il faut cependant lire ce Catalogue avec précaution, soit à cause des fautes d'impression qui défigurent plusieurs noms, soit parce qu'une cinquantaine d'ouvrages sont attribués à des écrivains qui n'en sont pas les auteurs (A.-A. Barbier, Dict. des anonymes et pseudonymes, 2ᵉ édition, n° 2021).
(4) Imprimée dans le Magasin encyclopédique, 1805, t. V, p. 137.
(5) Voici en quels termes A.-A. Barbier, dans la préface citée, parle du travail du bibliothécaire de Saint-Louis-la-Culture : « Le citoyen Van Thol... s'occupe depuis plusieurs années, avec un zèle infatigable, de la composition d'un Dictionnaire des ouvrages anonymes, publiés en français. Il est à souhaiter qu'il publie un jour ce Dictionnaire, qui lui acquerrera des droits à la reconnaissance des gens de lettres. » Pas un mot qui nous informe que Barbier, en 1803, s'occupait aussi d'un travail semblable. L'auteur de la notice biographique et littéraire sur A.-A. Barbier, à la tête de la deuxième édition de son Dictionnaire des ouvrages anonymes et pseudonymes, n'avait donc pas lu la préface en question, lorsqu'il imprimait dans sa notice : Barbier réunit et mit en ordre les notes et renseignements qu'il avait recueillis *depuis longtemps* pour

— 5 —

pèchait depuis longtemps de compléter ses recherches, et de l'autre son âge fort avancé s'opposèrent à cette publication. De 1806 à 1808, A.-A. Barbier, le savant bibliothécaire de Napoléon, fit imprimer sa précieuse monographie des auteurs anonymes et pseudonymes (1), considérablement enrichie dans une seconde édition, publiée de 1822 à 1825. Le travail de Van Thol a été très utile au bibliographe français (2). On devait craindre que cet esprit d'investigation spéciale ne se perdît avec Barbier, mort à la fin de 1825 ; mais cette étude piquante de notre histoire littéraire a trouvé plusieurs amateurs qui, de loin à la vérité, ont suivi les traces du dernier pourchasseur de pseudonymes ; nous citerons parmi les bibliographes à qui nous devons la révélation d'un grand nombre de noms, entre autres, un ancien conservateur-administrateur de la Bibliothèque royale, M. de Manne, après la mort de qui, un de ses fils, a publié un volume (3), embrassant et tous les temps et tous lieux, mais néanmoins particulier, ainsi que l'ouvrage de A.-A. Barbier, aux auteurs anonymes et pseudonymes français et pouvant faire suite à l'ouvrage de A.-A. Barbier, car il fait connaître des auteurs anonymes et pseudonymes dont le bibliothécaire de Napoléon n'avait pas fait mention, soit qu'ils lui aient été inconnus, soit qu'ils aient été découverts postérieurement à sa mort. Malheureusement l'auteur, aussi bien

la composition d'un Dictionnaire des ouvrages anonymes et pseudonymes, dont il publia les deux premiers volumes en 1806. Nous ne voulons rien prouver, sinon que la priorité était acquise à Van Thol.

(1) Dictionnaire des ouvrages anonymes et pseudonymes, composés, traduits ou publiés en français et en latin. Avec supplément. Paris, 1806-08, 4 vol. in-8°. — Deuxième édition, revue, corrigée et considérablement augmentée (du double), Paris, 1822-25, 4 vol. in-8.

(2) Outre le secours que Barbier a trouvé dans le travail de Van Thol, ce bibliographe a encore été secondé par diverses personnes qu'il a nommées dans la préface de son livre ; néanmoins les noms de quelques autres y sont oubliés, et parmi ces derniers ceux de M. Bleuet, anc. et savant libraire de Paris ; M. Justin Lamoureux, de Nanci ; et M. H. de Saint-Georges. (Voy. la Revue bibliogr., t. 1er, p. 35.)

(3) Nouveau Recueil d'ouvrages anonymes et pseudonymes, par M. de Manne, ancien conservateur-administrateur de la Bibliothèque du Roi. Paris, Gide, 1834, in-8° de 580 pages.

que l'éditeur, qui n'a point assez élagué le travail de l'auteur primitif, et qui au contraire a fait de nombreuses additions à ce volume, n'avaient point fait de la bibliographie une étude assez constante pour donner un ouvrage exact et complet. Les recherches incessantes de l'auteur de cet Essai l'ont mis, en s'occupant de sa « France littéraire » et de sa « Littérature française contemporaine », sur la voie d'un très grand nombre de découvertes d'auteurs anonymes et pseudonymes. Il essaya, en 1839, de publier dans la « Revue bibliographique » la partie des ouvrages anonymes ; mais la Revue dont nous venons de parler n'ayant eu qu'une courte existence, l'auteur fut obligé de s'arrêter au n° 186. La publication de ce travail complet et très étendu sera commencée sous peu (1). Les pseudonymes sont aujourd'hui l'objet du présent opuscule. C'est à ces derniers dépisteurs et à quelques amateurs qui ont trouvé dans la chasse aux anonymes et aux pseudonymes un agréable passe-temps, que nous savons entre autres révélations que : Séb. Albin cache le nom de madame *Hortense Cornu*, femme de l'artiste de ce nom ; que madame Anna-Marie est madame la comtesse d'*Hautefeuille* ; que madame la comtesse d'Ash et Dash est madame la vicomtesse de *Saint-Mars*, née Cisterne de Courtiras ; que Dennery et d'Ennery, mélodramaturge, est *Eug. Philippe* ; que Grangé, autre mélodramaturge, est inscrit à l'état civil sous le nom de *Bastet* ; qu'Old-Nick (vieux diable) est *M. Forgues*, jeune avocat, plus terrible dans ses feuilletons de critique qu'au palais ; que M. Saintine, auteur aussi de vaudevilles, sous le nom de Xavier, n'est autre que *M. Boniface*, frère du grammairien de ce nom, en son vivant maître de pension, rue de Tournon, à Paris; que le Walter Scott, auteur d'Aymé Verd, d'Allan Cameron, n'est point l'Écossais dont les ouvrages nous ont tous charmés et nous charmeront encore longtemps, mais seulement l'un de ses frères... en Jésus-Christ, du nom de *Calais*, et ancien secrétaire de M. Antoine

(1) Sous le titre de *Dictionnaire des ouvrages polyonymes et anonymes de la littérature française depuis* 1700 *jusques et y compris* 1844, et fera partie des tomes XI et XII de « la France littéraire » que l'auteur annonce.

Genoud (*vulgó* de Genoude); que l'abbé Tiberge, aussi bien
que Eug. Palman, la marquise de Pompadour et le docteur Reter de Brighton, sont quatre personnages représentant feu
Regnier d'Estourbet; que Timon le publiciste n'est point un
descendant de celui d'Athènes, attendu que M. *Delahaye de
Cormenin* a justifié plus d'une fois de sa qualité d'excellent
Français, etc., etc.

Les Anglais qui comptent tant de bibliographes spéciaux
n'en ont point qui se soient occupés de recherches sur les
écrivains anonymes et pseudonymes, nous ne dirons pas en
général, comme Placcius et Fabricius, Forster et Mylius, mais
pas même sur leurs écrivains nationaux. Watt, dans sa « Bibliotheca britanica » n'en cite pas un seul. M. Philarète Chasles,
un des écrivains français qui ont le mieux fait connaître à la
France les littératures étrangères, a récemment esquissé pour
l'Angleterre littéraire le plan d'un travail semblable à ceux dont
toutes les nations les plus civilisées sont en possession depuis
longtemps. La « Revue des Deux-Mondes » (tome II, 4e livraison,
31 mai) renferme un excellent article sorti de sa plume et intitulé :
« Les Pseudonymes anglais du XVIIIe siècle. » Voici les premières
lignes de cet article. « Il n'y a pas, dans l'histoire littéraire,
de groupe plus bizarre que celui des pseudonymes anglais,
qui abondent entre 1688 et 1800, ni de question plus neuve et
moins expliquée. C'est alors qu'une centaine d'écrivains, entre
lesquels je choisirai les notables, renoncent de parti délibéré
aux splendeurs du nom propre, et sacrifient leur vanité à leur
intérêt ou à leurs passions. La gloire vient quelquefois les chercher, toujours malgré eux. Chacun a son but distinct, et le poursuit avec un acharnement sérieux, isolé, mystérieux, si bien
qu'on serait tenté de prendre ces écrivains pour des faussaires,
non pour des pseudonymes. S'ils cachent leur nom et voilent
leur main, c'est pour mieux exécuter leur œuvre. Ceux-ci veulent
détruire une vieille réputation qui les gêne ; ceux-là populariser
des sentiments qu'ils croient utiles ; d'autres glorifier leur nationalité spéciale ; la plupart, faire fortune. Il y a les honnêtes et

les innocents, comme De Foe ; les imprudents et les violents, comme Chatterton ; — les niais comme Ireland ; — les maladroits et les calomniateurs, comme Lander ; — enfin un maître, un habile, l'Écossais Macpherson, qui trompe un siècle entier l'Europe, l'Amérique et Napoléon Bonaparte. » C'est à l'énumération de ce petit nombre d'écrivains, si vous y ajoutez Psalmanazar, que se borne M. Chasles. Au nombre des honnêtes et des innocents pseudonymes, il met, comme on a pu le voir, Daniel de Foe. Français de race, fils d'un protestant réfugié qui aurait dû s'appeler Daniel Foy, et qui signa De Foe, pour se conformer à la prononciation anglaise, l'auteur de *Robinson* voulait enraciner la doctrine calviniste, et inventait des histoires à l'appui de ses prédications. *Roxona*, *Moll Flanders*, l'*Histoire de la Peste*, les *Campagnes d'un cavalier*, *Carleton* et *Singleton*, passaient pour authentiques (1).

Vers la même époque, entre 1715 et 1730, le protestantisme anglais se laissa duper par un autre mystificateur moins honnête et moins sérieux que Daniel. C'était encore un Français, dont on n'a jamais su le vrai nom. Il se donna pour un Japonais exilé, né dans l'île de Formose, se laissa convertir solennellement, inventa une langue formosane dont il eut l'audace de publier une grammaire, traduisit la Bible dans cette langue et devint, d'aventurier qu'il était, un citoyen considéré et opulent. C'est alors qu'il fit une confession publique de ses mensonges, confession étouffée par les dévots en calvinisme, qui rougissaient d'avoir été pris pour dupes. Lander, pour flatter les idées jacobites encore

(1) Si l'on doit croire ce que dit M. Coquebert de Taisy, Daniel de Foe n'est, relativement au Robinson Crusoé, ni si honnête ni si innocent que M. Philarète Chasles l'a bien voulu présenter. Une note communiquée par M. Coquebert de Taisy à Barbier, et imprimée sous le n° 19063 de la seconde édition du Dictionnaire des ouvrages anonymes et pseudonymes, nous apprend que le véritable auteur des « Aventures de Robinson Crusoé est Alexandre Selkirch, qui en a été le héros. Son manuscrit lui fut dérobé par l'éditeur, qui le fit imprimer après l'avoir vraisemblablement ajusté à sa manière. Selkirch réclama, et ne put jamais obtenir justice. Voy. l'Histoire des naufrages ; le tome X des Découvertes faites par les Européens, et le Journal des sciences et des beaux-arts, 1756, tome II°. »

dans toute leur sève, avait voulu convaincre de plagiat Milton, le poëte révolutionnaire. Son indigne supercherie ayant été découverte, il fut obligé de s'embarquer pour les Barbades, couvert de honte et de la haine nationale. Vint ensuite Macpherson, qui fonda l'espoir de sa fortune sur les derniers efforts de l'Écosse pour ressaisir sa nationalité, sur le dégoût de ses contemporains pour une société dont on sentait instinctivement la dissolution s'approcher, sur la satiété d'une génération énervée de frivolités, et que séduisait l'image défigurée de la nature. Macpherson étendit un vernis sauvage sur une poésie d'écran; il délaya de vieilles ballades en style d'Isaïe et d'Homère, greffa l'*Edda* de Mallet sur la Bible et déguisa Florian et Gessner sous un air farouche.

En 1770, peu de temps après Macpherson, se montre Chatterton, très peu digne en réalité de l'intérêt qu'un homme de talent a excité en sa faveur; pauvre, orgueilleux, avide et dur. Quant à Samuel Ireland, il avait spéculé sur la religion dont Shakespeare était devenu l'idole à la fin du xviiie siècle. Il fabriquait, en conséquence, des lettres, des variantes, et même une tragédie entière, *Vortigern et Rowena*, qu'il mettait sur le compte de Shakespeare. La fraude était trop niaise et trop gauche pour qu'on ne s'en aperçût pas bientôt. Pour finir, M. Chasles remarque que le peu de falsifications que subissait alors la France, se réduisait à une ou deux chansons attribuées à Henri IV et à Marie Stuart. « Je sais, dit-il, que l'on trouve encore aujourd'hui des âmes innocentes qui croient pieusement que Henri IV a inventé, en s'accompagnant du luth, la chanson célèbre :

Viens, aurore,
Je t'implore,...

« Les biographies universelles ne tarissent pas d'éloges en faveur des vers gracieux attribués à Marie Stuart :

Adieu, plaisant pays de France, etc.

« Rendons-les à un journaliste du xviiie siècle, fabricant de pastiches ingénieux, de Querlon, qui avoue son innocente fraude, dans une lettre à l'abbé Mercier de Saint-Léger. » A ces suppositions se joint celle du marquis de Surville et des poésies de Clotilde, sur lesquelles l'opinion est actuellement fixée.

Faisons remarquer toutefois, en ce qui concerne Henri, que le refrain attribué aussi à ce prince :

> Cruelle départye,
> Malheureux jour !
> Que ne suis-je sans vie
> Ou sans amour !

était connu dès 1608. M. Willems l'a trouvé dans un recueil de chansons de cette époque, recueil dont il a rendu compte à l'Académie de Bruxelles, le 1er juin de cette année (Bulletin, t. XI, n° 6, p. 380).

Nous venons de passer rapidement en revue les bibliographes qui ont abordé deux des grandes difficultés qui se présentent pour écrire avec exactitude l'histoire littéraire, soit des temps anciens, du moyen âge, soit des temps modernes. Ont-ils connu tous les auteurs de livres anonymes et tous les pseudonymes littéraires ? Le croire n'est pas possible ; A.-A. Barbier n'a connu qu'une faible partie de ceux de son pays et de son temps.

Une autre raison de désespoir pour les Saumaises passés, présents et futurs, ce sont ces manuscrits apocryphes anciens et modernes, nouvellement découverts, ou écrits et publiés récemment par des écrivains presque ignorés, sous des noms anciens très connus. Ce sont encore ces fausses attributions de livres, faites par des éditeurs et des libraires à des écrivains qui leur sont entièrement étrangers. Nous dirions bien quelques-unes des causes qui ont porté à faire ces attributions, ne serait-ce que la vanité de certains auteurs qui laissent complaisamment dire et croire qu'ils ont fait tel livre qu'ils n'eussent pas pu écrire ; mais convenons pourtant que chez les éditeurs, aussi bien que chez les bibliographes, il y a le plus souvent de la bonne foi dans les informations qu'ils nous ont fournies sur ces prétendus écrivains. Leur tort est d'avoir accueilli avec trop de légèreté, avec trop de confiance, des renseignements qui étaient au moins suspects, et sur lesquels, avant l'affirmation, on devait être plus éclairé.

Aujourd'hui nous ne nous occuperons que des auteurs déguisés de la littérature française actuelle, et particulièrement de ceux que la mort n'a pas permis à A.-A. Barbier, le plus infatigable pourchasseur en l'espèce, de mentionner dans ses quatre volumes. Prochainement nous reviendrons sur les faussaires en littérature et sur les fausses attributions de livres. Ce nouveau travail aura pour effet de faire connaître les noms des fabricants de ces mémoires apocryphes, dont nous avons été inondés dans ces derniers temps.

Parmi les causes que nous assignerons à la difficulté d'écrire l'histoire littéraire de notre époque, nous compterons donc en première ligne la quantité prodigieuse des livres qu'enfante la presse chaque année, et dont la connaissance parfaite et entière est d'une absolue impossibilité. Ceux qui nous passent sous les yeux ne nous laissent-ils rien à désirer sous le rapport de leur provenance? Combien de milliers d'ouvrages qui ont paru depuis le commencement de ce siècle et qui se publient aujourd'hui de nouveau sous le voile de l'anonyme, dont on n'est point parvenu, et dont on ne parviendra jamais à découvrir les auteurs. N'avons-nous pas des écrivains qui, soit par goût pour les mystifications, soit par spéculation, mettent au jour des ouvrages dont ils chargent la mémoire de pauvres défunts, très innocents des tristes productions qu'on leur attribue? Ne nous a-t-on pas donné depuis quinze ou vingt ans des mémoires de tous les personnages distingués des règnes de Louis XIV et de Louis XV, et des favorites de ces princes, etc.? Le règne de Louis XVI, la Révolution, le Consulat et l'Empire, la Restauration, n'ont-ils pas aussi trouvé des faiseurs qui ont exploité les noms des hommes célèbres, ayant joué un rôle dans cette période? N'a-t-on pas fabriqué dans ces derniers temps et des lettres de madame de Sévigné et des lettres de Voltaire? Connaît-on aujourd'hui tous les auteurs de ces apocryphes ouvrages, et les connaîtra-t-on jamais bien tous?—Oui, la difficulté d'écrire l'histoire littéraire de notre époque est grande!

Ce qui la rend plus grande encore, c'est cette mode, ou cette manie, ce qui est à peu près synonyme, qu'ont adoptée un très grand nombre de nos écrivains, d'avoir un double nom. Ils ont un nom pour la société, et un nom littéraire pour le trafic, pour les arts, pour la littérature et le théâtre, des noms artistiques et littéraires.

Les noms déguisés dans les arts et dans la littérature ont existé de tout temps ; d'autres ont été appliqués à des personnages célèbres par leurs contemporains. Les noms de *il beato fratello Angelico, Michel-Ange, Raphaël, le Tintoret, il Corregio, l'Espagnoletto, Jean-Paul, Jean-Jacques, Jean-Louis, Paul-Louis*, et tant d'autres, sont là qui le confirment. Mais à aucune époque on n'en a fait un aussi fréquent abus que depuis une vingtaine d'années, et chaque jour il s'accroît. C'est au point que si A.-A. Barbier, le bibliothécaire de Napoléon, revenait au milieu de nous, il trouverait dans les cartons de ses fils des matériaux qui doubleraient, pour ces vingt années seulement, la précieuse monographie littéraire qu'il nous a léguée sous le titre de *Dictionnaire des ouvrages anonymes et pseudonymes*.

Sauf la manie de l'époque actuelle de déguiser son nom en littérature, les raisons qui ont donné lieu aux pseudonymes ont vraisemblablement été toujours les mêmes : elles sont en grand nombre, et nous allons essayer d'en faire connaître les principales. La noblesse, avant 1789, se glorifiait de ne savoir ni lire ni écrire. Notre révolution civilisatrice a bien changé ses idées ; mais quelques-uns de ses membres ne veulent pas qu'en suivant l'impulsion imprimée au siècle, leurs fils dérogent jusqu'à s'afficher comme gens de lettres. De ménagements requis par les positions résultent de nouveaux motifs pour l'usage du déguisement : des fonctionnaires haut placés, et de graves magistrats ne peuvent pas mettre au jour, sous leurs véritables noms, de ces productions légères dont les intitulés hurleraient avec les fonctions de leurs auteurs et feraient scandale (1). De semblables ména-

---

(1) Un grave et savant criminaliste, Legraverend, publia, en 1825, sous le

gements doivent être gardés par toutes les personnes appartenant de loin ou de près à l'administration. Sous la Restauration, on eût retiré le diplôme d'une maîtresse de pension, dont le mari eût écrit pour le théâtre. Aujourd'hui, un officier serait cassé s'il était connu pour écrire sur la politique. Le pseudonyme est encore employé pour remplacer des noms mal sonnants, qui dépareraient des titres d'ouvrages de littérature, ceux-ci par exemple : *Canard, Cornu, Cochon*, etc., auxquels on a substitué *Celnart, Séb. Albin, Lapparent.* Chez quelques-uns de nos écrivains, le pseudonyme a pour cause le besoin d'amorcer le public par un nom nouveau, le premier ne produisant plus d'effet, ou parce que l'écrivain a renoncé à son genre primitif. Chez beaucoup d'auteurs perdus de dettes, le pseudonyme est un préservatif contre les poursuites des créanciers, et il a pour résultat d'empêcher les oppositions au paiement du prix d'un roman nouveau, ou aux droits d'auteur d'une pièce nouvelle. Quelquefois, et c'est heureusement le cas qui se présente le moins souvent, le pseudonyme est employé par la couardise, quand elle veut jeter l'insulte à la face de l'homme supérieur, et pourtant n'en être pas moins bien traitée par lui. Un autre motif, trop fréquent, à la honte des lettres, provient du désir qu'ont d'échapper au mépris ces industriels qui vendent et revendent deux et trois fois le même manuscrit sous deux et trois titres différents et sous autant de noms d'auteurs.

Nous venons d'énumérer les principales circonstances dans lesquelles les écrivains ont recours aux pseudonymes. Maintenant, nous allons essayer de tracer la physiologie du genre pseudonyme et de ses nombreuses variétés.

Le pseudonyme peut être classé, aussi bien que n'importe quel objet de l'un des trois règnes de la nature. Le nom générique est *auteurs déguisés.* La première variété est composée du pseudonyme complet pris dans le but de se cacher, par force majeure

titre des « Coups de becs et les coups de pattes, » un ouvrage satirico-politique des événements de la France. La position sociale de Legraverend lui permettait-elle de publier ce livre avec sous-nom ?

ou par fantaisie, soit dans le but de substituer à un nom qui prête au ridicule un nom harmonieux, soit pour se distinguer d'un homonyme mal famé. Dans la seconde, nous plaçons les anagrammes de noms ; dans la troisième, les noms maternels substitués aux noms paternels ; dans la quatrième variété, nous plaçons un nombre assez considérable d'écrivains dont le nom de famille est caché sous des initiales, et le nom du lieu natal substitué au véritable. Une cinquième, qui se rapproche beaucoup de la précédente, est celle des écrivains qui, à leurs noms de famille, ajoutent celui du village ou du hameau qui les a vus naître, tels que : *de Dombasle* (Mathieu, de Dombasle), *G. de Mancy* (Geindre, de Mancy), *Godde de Liancourt* (Aug.-Cal. Godde, de Liancourt), *Granier de Cassagnac*, qui a d'abord signé Granier (du Gers), et qui est devenu plus tard M. Granier de Cassagnac (Gers). Les noms de départements ajoutés aux noms de famille ne peuvent en aucun cas faire croire que les possesseurs de ces noms aient voulu se faire passer comme seigneurs de ces départements, tandis que, dans le premier cas, ces suppressions et adjonctions pourraient, à l'aide de la particule *de*, faire croire à une origine seigneuriale. Une dernière variété du genre est composée des écrivains qui prennent des qualités sous lesquelles il leur convient de se déguiser. Nous donnons à nos lecteurs un échantillon de toutes les variétés du genre. Nous n'avons pas eu la prétention d'indiquer toutes les espèces, encore moins leurs propriétés, cela nous eût entraîné à écrire un volume : d'autant moins que ces nomenclatures et synonymies font partie de la « Littérature française contemporaine, » dans laquelle nous avons eu la grande maladresse d'appeler tous les écrivains par leurs noms. Quelle nécessité, nous dira-t-on peut-être, de démasquer tant de gens ? Mais une très grande : celle d'aplanir autant que possible la difficulté d'écrire l'histoire littéraire de notre époque. Lorsque les industriels biographes surchargent chaque jour nos dictionnaires historiques de pygmées littéraires, et dont la postérité aura à examiner les titres, laisserions-nous encore à celle-ci la rude tâche de s'enquérir de personnages imaginaires ?

C'est cette considération qui nous a déterminé à ôter le masque de la plus grande partie des littérateurs dont le public s'occupe actuellement.

La nomenclature des auteurs déguisés de notre époque, que nous donnons aujourd'hui, a d'abord paru dans deux journaux de bibliographie : « le Moniteur de la Librairie » et « le Bibliothécaire ». Ces articles reproduits successivement dans l'un ou dans l'autre de ces journaux, toujours avec des additions, ont donné à M. Goizet l'idée d'accroître encore cette nomenclature. Il s'occupe depuis douze ans de la bibliographie du théâtre ; aussi n'est-ce que les auteurs dramatiques qu'il a eu en vue dans deux articles additionnels insérés au « Bulletin de l'Alliance des Arts, » que publie M. Paul Lacroix (le bibliophile Jacob). On ne peut contester à M. Goizet de bien connaître tous les travestissements de nos vaudevillistes et mélodramaturges. Mais, est-ce enrichir, ou n'est-ce que seulement grossir cette nomenclature que d'y ajouter des noms d'écrivains qui n'ont peut-être pas moins de mérite, hâtons de le dire, que ceux que nous citons, mais qui ont eu le tort de ne pas aussi bien qu'eux dessiner leur part : citer MM. Adolphe, Alfred, etc., parce qu'ils sont auteurs pour un tiers ou pour un quart de quelques vaudevilles ! Si ces révélations ont une importance pour l'histoire littéraire, elle est bien minime. Et puis un prénom pris par tel ou tel auteur, quand ce prénom est le sien, ce n'est pas plus un pseudonyme, que ne l'est celui de la première ou de la dernière partie d'un nom composé. Ce sont des mots de renvois utiles dans un dictionnaire où l'on tient à grouper tous les membres d'une même famille, et rien de plus (1). Quoi qu'il en soit, sauf quelques légères erreurs que

---

(1) M. Goizet a compris dans ses deux listes de pseudonymes, outre beaucoup d'auteurs dramatiques pour des tiers ou des quarts de pièces, qui n'ont voulu se faire connaître que sous leurs prénoms, les noms suivants qu'on ne peut considérer comme déguisés : *d'Avrigny*, au lieu de Lœuillard d'Avrigny ; *Martignac*, au lieu d'Algay de Martignac, et beaucoup d'autres encore. Il n'est pas jusqu'au nom de madame Claret de Fleurieu, qui ne soit présenté comme le pseudonyme de madame B. de Salverte ; mais madame Claret de Fleurieu avait écrit avant que d'être madame B. de Salverte. En adoptant cette méthode, il serait facile de

nous y avons remarquées, nous avons fait usage des deux articles de M. Goizet, avec d'autant moins de scrupule que la plupart de ses révélations sont tirées soit de la France littéraire, ou de la Littérature contemporaine, où nous avions cru devoir les laisser (1).

Les obligations que nous avons à M. Goizet, pour ses additions, ne nous feront oublier celles que nous avons à M. Edmond de Manne, de la Bibliothèque royale, qui lui aussi s'est beaucoup occupé de bibliographie dramatique, et aussi à M. Félix Delhasse, de Bruxelles, auteur d'un excellent Annuaire dramatique. Qu'ils veuillent bien tous les trois recevoir ici nos publics remerciements.

faire un très volumineux recueil d'écrivains pseudonymes, n'y comprendrait-on que les demoiselles qui ont remplacé légitimement leurs noms paternels par ceux de deux ou trois maris, ainsi mademoiselle Necker, depuis madame de Staël, et morte madame Rocca. N'est-ce donc pas assez d'avoir à démêler parmi une douzaine de noms illégitimement portés par d'aucunes de nos demoiselles auteurs le véritable nom qu'elles ont intérêt à cacher, sans aller grossir une nomenclature comme celle-ci de véritables noms advenus successivement.

(1) Nous les devions presque toutes, ainsi que M. Goizet a pu s'en apercevoir, aux recherches minutieuses de M. de Soleinne, qui sous le rapport des anonymes et des pseudonymes d'auteurs dramatiques a peu laissé à désirer au rédacteur du catalogue de la vente de sa bibliothèque, catalogue qui doit faire regretter celui que le possesseur de cette bibliothèque se proposait de faire imprimer un jour.

LES
AUTEURS DÉGUISÉS
DE LA
LITTÉRATURE FRANÇAISE AU XIXᵉ SIÈCLE.

A.

Aaron (l'helléniste).   Blocquel (Simon).
Abbema.   Chatelain (Nic.).
Acheri.   Cahier (le P. Charles).
Achille, auteur dramatique.   Dartois, Gustaldy, Grégory.
Adhémar (la comtesse d').   Lamothe-Langon (le baron).
Adolphe, nom commun à plusieurs auteurs dramatiques.   Capelle, Chéron, Choquart, Gentil, Jadin, Philippe (Eugène), Poujol fils, Ribbing (Adolp.).
Adrien, Adrien L...... Adrien P.   Léliou, Payn, et Viguier.
Ag...., médecin.   Gautier (Alexandre), D.-M.
Ahasverus.   Roth (Didier).
Albert, chorégraphe.   Decombe.
Albert, art. et aut. dram.   Thierry, acteur du théâtre de l'Ambigu.
Albert, aut. de charades.   Bénard.
Albert-Henri.   Monnier (A.-H.).
Albin (Sébastien).   Cornu (Mme Hortense).
Albins (d').   Michaud l'aîné.
Albonius.   Bonnomet (J.-A.)

Alexandre.	Barginet, Basset, Béraud, Bernos, Curmer, Friedelle (Mme), Guesdon, Laborde, Martineau, le vicomte de Ségur, Tardif, Véry.
Alexis.	Arnoult (Stéphen), Barrière, Decomberousse.
Alfred.	Almbert (d'), Deforges, Ménissier (Constant), Mourier (Charles), Philibert, Pichat, Tilleul.
Almagro (le comte d').	Dolgorouski (le prince P.).
Alphonse.	Cerfbeer, Champfeu, Chavanges, Gautier, Aug. Roger, Salin.
Alpina (Julia).	La Harpe (Frédéric-César de).
Alpinus (Julius).	La Harpe (Frédéric-César de).
Alzay, auteur dramatique.	Sauzay (Ch.-Ant.-Alex.).
Amable.	Gille, Villain de Saint-Hilaire.
Ambel (Ch. H. de).	Saint-Geniès (F. de).
Amboise (Léon d').	Loyau (A.), d'Amboise, et non *Loyau de Lacy*, comme on l'a dit quelque part.
Ambreville (d').	Desessarts d'Ambreville.
Amédée.	Boudin, Labesse, Philippe, Gasp. Tourret.
Andréas, auteur de types dans les Français peints par eux-mêmes.	Roux (Gabriel).
Angel, auteur dramatique.	Eustache.
Anicet, auteur dramatique.	Bourgeois (Anicet).
Anna-Marie (Mme).	Hautefeuille (Mme la comt. d').
Anspach (Maria d'), d'abord auteur de deux types dans les Français peints par eux-mêmes.	Bordier (Mlle Julie).
Antonin.	Davrecourt ou d'Avrecourt, Gilles, de Pontoise; Hapdé.

Anthony R... (Mme).	Rouxel (A.).
Antony, auteur dramatique.	Béraud (Ant.).
Apicius Frissgern.	Shaler.
Apudy (A.-L.).	Chézy (Ant.-Léon).
Archias, fils de Philopatris.	Nicolopoulo.
Ariel, l'un des rédacteurs du Satan.	Garnier (Paul-Aimé).
Aristophane, citoyen de Paris.	Marin (Scipion).
Aristophane Philoradix, auteur de l'Anti-Lucrèce, critique raisonnée de Lucrèce, trag. de M. Ponsard (1841, in-8).	Gautier (Aubin), auteur d'une Introduction au magnétisme (1841, in-8).
Arlincourt (le vicomte d').	Le Prévost d'Arlincourt (Victor), fils d'un ancien fermier général.
Armand, prénom sous lequel plusieurs auteurs dramatiques ont donné des pièces.	Charlemagne, Croizette, Dartois, Gouffé, Legrand, Overnay.
Arnaud (Hippolyte).	Reybaud (Mme Charles).
Arnould (Sophie).	Lamothe-Langon (le baron).
Ash (d'), et *Dash* (la comtesse).	Saint-Mars (Mme la vicomtesse de), née Cisterne de Courtiras.
Aslin, auteur dramatique.	Salin.
*Ath I*er.	Garnier (Ant.).
Aubert (Eug.), auteur de types dans les Français peints par eux-mêmes.	Lanoise (Eug. de).
Aubigny (B. d').	Baudouin (J.-M.-Théod.).
Aubry (P.),	Goubaud (P.).
Augerol (Victor).	Altaroche, réd. du Charivari.
Auguste, auteur dramatique.	Brisset, Chedel, Coster, Creuzé de Lesser, Daniel, Decourchant, Gallistines, Gombault, Goury, Lecerf, Maillard, Martin.
Auguste, romancier, auteur de Décence et Volupté (1808,	Bernard (L.-R.-D.), aujourd'hui député.

3 vol. in-12), et de Tancrède, ou la Conquête de l'épée de Roland (1808, 2 vol. in-12).

Augustin, auteur dramatique. — Hapdé.
Aulnay (Mlle Louise d'). — Gouraud (Mlle Julie).
Aurevilly (Léon d'). — Barbey d'Aurevilly, alors poëte, aujourd'hui prêtre.
Ausone. — Chancel (Charles).
Austin, l'un des auteurs du Curieux puni, comédie. (1813.) — Saint-Charles (Guy de).
Auvray, auteur dramatique. — Chapelle.
Avezac (d'). — Macaya, d'Avezac.
Avrigny (d'). — Lœuillard d'Avrigny; — Gust. Robillard.
Avrillon (Mlle), première femme de chambre de l'impératrice Joséphine. — Villemarest (Max. de).

B.

Bach (Samuel).

Bacre (Mme L.-R*** de). — Leroy de Bacre (Mme).
Balthasar (Gustave). — Allard (Gustave).
Balthazard (le petit). — Montherot.
Barba (J.-N.), ancien libraire, auteur d'une Vie et Aventures de Pigault-Lebrun (1837, in-8). — Raisson (Horace).

Bardophilax. — Allamand (F.-L.).
Baron, auteur dramatique. — Tournemine (P.).
Barrins (le comte de). — Raban.
Bartevelle (Alexis). — De Manne (Edmond).

Ferrières (de), secrét. de l'ambassade en Chine, à la fin de 1843.

Barthélemy, auteur dramatique.	Thouin.
Barthélemy (Mme).	Hadot (Mlle Adèle *Richard*, dame).
Basta (A.).	Touchimbert (Mme la comt. de).
Baxton (Camille).	Ozenne (Mlle Louise), de Louviers, morte à Paris, en avril 1842.
Bazancourt (de).	Bonon (Victor).
Beauchêne.	Vaulabelle (Éléonore de).
Beaufort (le comte de).	Hertault, comte de Beaufort.
Beaulieu (Anatole de), auteur dramatique	Desnoyer (Charles).
Beauvoir (le doct.), de Saint-Gratien.	Roth (Didier).
Beethoven (van).	Seyffried.
Belair.	Legay.
Belleroche, auteur dramatique.	Briois.
Belville, auteur dramatique.	Barret (Étienne-Emmanuel).
Ben (Paul), aut. du Fils du Fermier, mœurs normandes, etc. (1844, 2 vol. in-8), et de la Science de bien vivre, etc. (1844, in-8) (1).	Chéreau (Paul).
Benezech (A.), auteur dramat.	Menissier (Const.).
Benjam, écrivain politique.	Gradis, beau-frère de Mme Eugénie Foa.
Benjamin, auteur dramatique.	Antier (Benjamin), Antier-Chevrillon.
Bennati (le docteur).	Julia Fontanelle et Scip. Pinel.
Benoît (Louis), jardinier.	Peytel.
Bergami (le baron), auto-biographie, apocryphe, de	Vatout (J.) (2).
Berigal (P.).	Peignot (Gabriel).
Bermont (Ch. de).	Paul.

(1) Ce dernier ouvrage porte les initiales d'un second auteur, A. D., qui n'est autre que M. Auguste Desrez.
(2) Voyez *le Corsaire* du 2 mars 1836.

— 22 —

Bernard. — Dieulafoy, Dossion, Gentil, H. Latouche.
Bernard (Mme Catherine), portière. — Martin (Alex.).
Bernard (Charles de). — Dugrail de la Villette (Charles-Bernard).
Bernard-Léon, artiste et auteur dramatique. — Bernard (Jean-Pierre).
Bertal, artiste et littérateur. — Arnoux (d').
Berthier (Louis), auteur dram. — Tournemine (P.).
Berthold (Villiams). — Arnoul (Honoré).
Bertrand. — Berton (J.-Michel).
Beuzeville, auteur dramatique. — Lelarge.
Biéville, auteur dramatique. — Desnoyers (Edmond).
Blaghenberg (van), aut. de beaucoup d'articles spirituels imprimés dans la Revue de la Moselle. — Saulcy, de l'Institut.
Blangini, compositeur de mus. — Villemarest (Max. de).
Blismon. — Blocquel (Sim.).
Blondel (Hippolyte). — Lhéritier (de l'Ain).
Blossac (E.-L. de), poëte. — Labourdonnaye de Blossac (Édouard).
Bobêche, paradiste célèbre. — Mandelard.
Boirie, mélodramaturge. — Cantiran de Boirie.
Boileau-d'Auxy. — Boivin (L.).
Boissy (M.-A.-L.), romancier. — Guénard (Mme).
Boissy et *Boissi.* — Raban.
Bombet (L.-Alex.-César). — Beyle (Henry).
Bonnefoy (Innocent), de Gonesse, auteur dram. — Bernard (L.-R.-D.), aujourd'hui député.
Bono-Ilhury. — Brouilhony (de).
Bonvoisin, auteur d'une Épître à Malvoisine (1838). — Prou aîné, avocat.
Bouline (Pierre). — Mareschal (L.-N.).
Bourienne (de), ministre d'État. — Villemarest (Max. de).
Boury (Mlle Adèle). — Villemarest (Max. de).
Boyer, l'un des deux auteurs de — Partout, directeur de l'hôpital

l'Omelette fantastique, vaud. Necker.
(1842).
Boz, littérateur anglais. Dickens (Charles).
Brambilla. Lebon (Mme).
Bréant (Adolphe). Girardin (Émile).
Bréjot (Philippe de), aut. dram. Duperron et Philibert.
Brevannes (Henry de), auteur Lépileur de Brévannes (Henry).
   de Tippoo Saïb, ou la Destruction de l'empire de Mysore, tragédie en 3 actes en vers (1813).
Brune (Claire), romancière. Marbouty (Mme).
Brunswick (Léon), aut. dram. Lhéric.—Par ordonnance royale de Charles X, il lui a été permis de prendre ce nom au lieu de *Lévi* ou *Lévy* qui était le sien.
Buqcellos. Blocquel (Simon).
Burgos (L.). Lurine (Louis).

C.

Calybariat (le doct.), de St-Flour. Peignot (Gabriel).
Camille, auteur dram., l'un des Pillet (Cam.).
   auteurs d'Une fille d'Ève, comédie-vaudeville.
Carême (Ant.), cuisinier. Fayot (Frédéric).
Carlowitz (la baronne de). Dutertre (Mme), née baronne de Carlowitz.
Cartier, auteur dram. Carpier.
Castil-Blaze. Blaze, de Cavailhon.
Celnart (Mlle Élisabeth). Canard (Mlle El.), depuis madame Bayle-Mouillard.
Céran. Vidal.

Céré-Barbé. — Barbé (Mlle Hortense Céré, dame).

Cey (Arsène). — Chaize de Cahagne (Arsène).

Challabot (Al.-D.) de. — Du Boys (Albert).

Cham, dessin. et littér. — Noé (de), deuxième fils du comte de Noé, pair de France.

Chamilly (la vicomtesse de). — Loeve-Weimars, Vanderburch et Romieu.

Chantal. — Champagnac (J.-B.-J.).

Charbonnières. — Girard de Charbonnières.

Charles. — Duveyrier aîné, dit Mélesville, Dupeuty, Guilbert de Pixérecourt, Hubert, Leroy d'Allarde, Livry (Ch. de), Mourier, Mullot, Nombret de Saint-Laurent, Ramond de la Croizette, Sewrin, Violet d'Epagny, Heguin de Guerle, Masson (Ch.), Puysaye.

Charles-Albert (le docteur). — Chaumonot (Charles-Albert).

Châteauneuf (de). — Lapierre de Châteauneuf (Agricol.-H.).

Chevalier d'Ancenis, aut. d'un recueil de poésies, publ. avant la révolution. — Arblay (d'), mari de miss Burney.

Christian (P.). — Pitois (P.-Christ.).

Cimber (L.). — Lafaist (L).

Clairville, auteur et art. dram. — Nicolaie.

Claret de Fleurieu (Mme), depuis — Salverte (Mme B. de).

Claudius (Antony). — Billiet (Claude), de Lyon.

Claudius, aut. de la Science populaire, simples discours sur toutes choses. — Ruelle (Charles), cousin de M. Ch. Magnin, l'un des conservateurs de la Bibl. royale et membre de l'Institut.

Clauren, littérateur allem. — Heun, conseiller.

Collin de Plancy (Mme). — Paban (Mme Gabrielle).

Colomb, auteur dram. — Pernot (Théodore).

Constant, premier valet de chambre de Napoléon. — MM. Méliot frères, MM. Nisard et Villemarest (Max. de).
Constant, chansonnier. — Seel (Pierre).
Constantin. — Hesse, ancien libraire à Amsterdam, mort en 1844, commis de M. Panckoucke père.
Cordier (Jules), auteur dram. — Vaulabelle (Eléonore).
Cormon (Eugène), aut. dram. — Piestre (Pierre-Etienne).
Corsse, auteur dram. — Labenette.
Courchamps (le comte de). — Cousen, de Saint-Malo.
Cournaud. — Frémy (Arn.).
Cranir (Hel.). Voyez *Heleno*.
Crayon (Geoffrey). — Irwing (Washington).
Créqui (la marquise de). — Cousen, de Saint-Malo.
Croix (Étienne), auteur des États de l'Église et du gouvernement pontifical (1843); des Derniers Jours d'un peuple, ou Niccolo Lapi, traduit de l'italien d'Azeglio (1844). — Micard.

D.

Dacheux (Louis-Victor). — Gautier (J.-Etienne).
Dalauze (C.), premier traducteur français des Mémoires de Silvio Pellico (1833). — Clausade (Amédée), docteur en droit et en médecine.
Dalcy (George). — Varnier (Jules).
Dalicar (Hippolyte). — Pichard.
Dandré (Paul), auteur dram. — Michel (Marc) et Labiche (E.).
Daniel (Carle). — Supernant (Charles).
Danvin, auteur dramatique. — Foliguet (Eugène), Lefranc (Auguste).
Darcourt. — Lecoq (P.-J.-C.).

— 26 —

Dardanus (feu), ancien apothicaire.	Martin (Alex.).
Darlé.	Ménissier (Constant).
Darsigny.	Machart (E.-F.-T.).
Dash. Voyez d'*Ash*.	
Dauberval.	Bercher (J.), Beaufort d'Auberval.
Davesnes.	Dubois, d'Avesnes.
Davy, auteur dram.	Dumas (Alexandre).
Debarges.	Argand de Barges.
Décour (Eugène).	Laffilard.
Defongeray.	Dittmer et Cavé.
Delaunay (le vicomte).	Girardin (Mme Emile de .
Delorme (Joseph).	Sainte-Beuve.
Dennery et d'*Ennery*.	Philippe (Eugène).
Denoix (Mme Fanny).	Lavergnat (Mme).
Depontchartrain, auteur dram.	Gombault (Auguste).
Dermoncourt (le général).	Dumas (Alexandre).
Derville, auteur dramatique.	Desnoyers (Louis) (1).
Desaintes (A.-E.).	Eymery (Alexis), de Saintes.
Desaudray.	Gaulard Desaudray.
Desfaucherets.	Brousse Desfaucherets.
Desfontaines de La Vallée.	Fouques-Deshayes.
Desfougerais, auteur dram.	Aubin (P. F.).
Desirabode, dentiste.	Lachaise.
Des Gimées (V.-A.).	Collin des Gimées (Victorine).
Desnoiresterres, auteur de quelques volumes, et de romans qui ont paru dans le Globe, le Commerce, etc.	Le Brisoys (G), des Noires Terres (2).
De Sor (Charlotte).	Desormeaux (Mlle Ch.), dame Eilleaux.
Desperrières, auteur dram.	Cranney.

(1) Et non *Desnoyer* dont M. Goizet a fait un frère de M. Charles Desnoyer, bien qu'il ne soit pas de la même famille.

(2) Sous son véritable nom l'auteur a fait imprimer, dans la *Revue de la Province et de Paris*, une nouvelle intitulée : *Chapitre de déceptions.*

— 27 —

Després, auteur dram. — Saint-Clair.
Desprez (Ernest). — Vaulabelle (Eléonore).
Desvergers, auteur dram. — Chapeau.
Devilliers, auteur dram. — Delalain (Léon).
Devorme. — Wailly (Jules de).
Dicks (George). — Ponroy (A.).
Dinaux, auteur dram. — Beudin, banquier et ancien député, et Prosper Goubaux, chef d'institution, à Paris (1).
Dombasle. — Mathieu (C.-J.-A.), de Dombasle.
Dorfeuille, art. et aut. dramat., ancien compétiteur de Larive au Théâtre-Français. — Gobet (P.-P.), frère du fabuliste de ce nom.
Dorsay, auteur dramatique et directeur de spectacle. — Roux.
Dovarias (Christian). — Ballot (Henri).
Dubois (Joseph). — La Maisonfort (le marquis de).
Dubuc (Alfred). — Letellier (Alfred).
Ducange (Victor). — Brahain-Ducange.
Duchaume, auteur de l'Héroïne de Mithier. — Vée.
Dudley (Arthur). — Stewart (Miss).
Dufayel. — Cellier-Dufayel.
Du Faï, colonel sous l'Empire. — Barbier, du Faï.
Dugazon, artiste et auteur dramatique. — Gourgault, oncle du général de ce nom.
Dulorny (Charles). — Bidard-Hayère.
Dumaniant. — Bourlain (J.-A.).
Dumas (Alexandre) (2). — Varlety (1), Hugo Foscolo (2), Aug. Maquet (3), etc., etc.

(1) M. P. Goubaux, seul, a depuis non seulement conservé le pseudonyme de *Prosper Dinaux*, pour plusieurs de ses productions, mais encore il s'est caché sous quelques autres.

(2) Le nom d'Alexandre Dumas n'est point ici un pseudonyme ; mais ce nom a souvent servi et sert encore de manteau à des enfants soit étrangers ou nationaux que celui qui porte ce nom ne dédaigne pas d'adopter. Ainsi que chacun le sait, il existe un certain nombre d'ouvrages dont M. A. Dumas n'est que

Du Mersan.	Marion du Mersan.
Dumolard.	Orcel-Dumolard.
Dupaty (Emmanuel).	Mercier-Dupaty.
Duplessis (G.), l'un des directeurs du Bulletin du Bibliophile.	Gratet Duplessis.
Duplessy, auteur dramatique.	Berthaud.
Dupré, auteur dramatique.	Duplessis.
Dupuy (1), auteur dramatique.	Altaroche (M.-D.-M.).
Duquesnoy, prof. d'éloquence.	Chausseblanche, fils d'un anc. imprimeur de Rennes.
Durand (Pierre).	Guinot (Eugène).
Durocher (Léon), auteur d'articles dans le National.	Reybaud (Louis).
Du Tarn (Gustave), auteur d'une « Légende du château de Penne (1840). »	Claussade (Gustave), du Tarn.
Duval (Amaury).	Pineux.
Duval (Alexandre-Vinc.), frère du précédent.	Pineux.
Duval (Henri-Charles), frère des précédents.	Pineux.
Duverine.	Hochené.

le père putatif. VARLETY (1) est l'auteur du *Jeune homme timide*, qui a été imprimé dans le deuxième volume des Impressions de voyages, sur la traduction de N. Nouet, insérée au tome XXVII du Mercure, en l'an XIII (Voy. les Buses Graves, par M. Paul Zéro, p. 46). *Jacques Ortis* est le célèbre roman d'Hugo Foscolo (2), de la traduction de M. Gosselin, du ministère de la guerre, que M. Dumas a imprimés sous son nom. « Tout ce qui se pique d'être au courant
« de la littérature, disait *le Charivari*, dans son n° du 5 novembre 1844, sait
« très bien que (M. Auguste Maquet) (3) l'auteur du *Beau Dangennes* est aussi
« quelque peu l'auteur du *Chevalier d'Harmental*. Demandez-le plutôt à M. Du-
« mas, il vous le dira lui-même... Il ne s'en cache pas... Il est assez riche de sa
« propre richesse pour avouer qu'il a chez lui des fonds appartenant à M. Au-
« guste Maquet. M. Alex. Dumas est comme M. Rothschild ; il fait valoir l'ar-
« gent des autres par le sien, avec cette différence qu'il n'emprunte pas à tout
« le monde... Ne lui prête pas qui veut : il choisit et choisit bien... Le secret
« de la collaboration de M. Macquet, dans le *Chevalier d'Harmental* et autres
« *Mousquetaires*, serait le secret de la comédie, si M. Dumas lui-même n'avait
« l'honnêteté de l'avouer à tout le monde, excepté au public du « Siècle. »

(1) Un second auteur dramatique s'est caché sous le même pseudonyme.

E.

Edmond.	Amelot, Alissan de Chazet, Crosnier, Fournier, Rochefort.
Édouard.	Damarin, Gouin, Mennechet, Monnais, Noël, Nicolle, Revenaz.
Émile, auteur dramatique.	Balisson de Rougemont.
Émile de l'Empesé.	Hilaire (Marc), connu sous le nom de *Marco de Saint-Hilaire.*
Emmanuel, auteur dramatique.	Arago (Emmanuel), avocat, fils de l'académicien.
Ennery (d'). Voyez *Dennery.*	
Épagny (d').	Viollet d'Épagny.
Épinay (d').	Montclaux d'Épinay.
Ernest.	Ancelot, Brisset, Clonard, Damarin, Jaime, Monnais, Nezel, Renaud.
Espilly (Marie d'), auteur de types dans les Français peints par eux-mêmes.	Longueville (Mme de).
Estagel (d').	Arago (Étienne).
Étienne, auteur dramatique.	Arago (Étienne), frère de l'académicien; Cretu, Jacob, Jourdan.
Étoile (de l'), auteur dramat.	Hubert-Laroche.
Eugène.	Cellié, Courtray de Pradel, Devaux, Fillot, Lamerlière, Laurey, Lebas, Lerozay, Mévil, Planard, Ronteix, Scribe.
Eurysaq, anagramme, auteur	Queyras.

d'une Arithmétique populaire.

Exauvillez (B.). — Boistel d'Exauvillez, petit-fils de Boistel d'Welles.

F.

Fabre (le comte), de l'Aude. — Lamothe-Langon (le baron).
Fauchet (Anna), de Quimperlé, auteur d'un poëme intitulé : « Théodora, » impr. dans le 1er volume de la Revue de la Province et de Paris (1). — Le Brisoys (G.), des Noires Terres.
Feeling (lord). — Fontaney.
Félix. — Blanchard, Duvert, Scribe.
Félix (D.-C.) — Coizy (Félix de).
Ferdinand. — Hertal, Laloue, Langlé, Langlumé, Polanchel, Vallon de Villeneuve.
Féréol, auteur dramatique. — Second (Louis).
Ferney (Paul). — Mesnier (Alexandre), anc. libr.
Ferrière. — Leblanc de Ferrière.
Feutardif (H.) — Audiffret (Th.), de la Bibliothèque du roi.

---

(1) On se rappelle qu'au commencement du xviii siècle le poëte Desforges-Maillard, voulant se rendre la critique favorable, envoyait ses vers, sous le nom de Mlle Malcrais de la Vigne, à l'*Almanach des Muses*. La prétendue jeune muse bretonne fut plus d'une fois louée. C'est à l'aide d'un nouveau nom de muse bretonne que l'auteur du poëme de *Théodora* est parvenu à mettre en défaut la perspicacité de quelques littérateurs. Les numéros 5 et 6 de la *Revue* où se trouvaient le poëme en question, furent envoyés à tous les poëtes de Paris, avec une lettre autographe de l'auteur. Deux y furent pris : Mme Valmore et M. Victor Hugo répondirent par une lettre charmante de remerciements à Mlle Anna Fauchet, et l'encouragèrent à continuer. « Je ne sais rien de plus « charmant, lui écrit Victor Hugo, qu'une femme poëte ; mais quand cette « femme est une jeune fille, je ne sais rien de plus touchant. »

Filinto Elysio, poëte espagnol. Nascimento (Francisco-Manuale de).
Firmin, auteur dramatique. Ferré (Alex.), dit *Saint-Firmin*.
Flassan (Maurice de). Stewart (Miss).
Florentin. Cavé et Dittmer.
Florville. Gaviniès-Bauduin.
Foa (Eugénie). Rodrigues (Eugénie-Rebecca).
Fontenille. Advenier-Fontenille.
Fortunatus et *Fortuné*, auteur du Rivarol de 1842, et du Procuste parlementaire. Gilles (Fortuné), de Saint-Germain.
Fradelle. Couailhac (Victor).
Francis, commun à deux auteurs dramatiques. Leroy, baron d'Allarde (1), et Cornu.
Francisque, artiste et auteur dramatique. Hutin (Francisque), Letocq.
Frédéric, auteur dramatique. De Courcy, Dupetit-Méré ; Prieur.
Froment, agent de police. Guyon.
Fulgence, auteur dramatique. Bury (de).

G.

Gabriel. Lurieu (G. de), Soiron.
Gabriel (Hector). Jailly (G.-H. de).
Gavarni, artiste dess. Chevallier (Paul).
Geller (G.-H.-B.) Guénard (Mme), baronne de Méré.
Genoude (de). Genoud (Antoine), mais anobli par la Restauration sous le nom de *de Genoude*.

(1) Le baron d'Allarde n'ayant jamais écrit que sous le nom de *Francis*, nous n'avons pas cru devoir le mentionner dans cette nomenclature sous le premier de ces noms, ainsi que l'a fait M. Goizet dans la sienne.

Genty, auteur d'un Mémoire sur les moyens de suppléer à la traite des Nègres (1818).
Georges.
Georgeon (Mlle).
Gérard.
Gérau (H.), auteur dramatique.
Gerber.
Géréon (Léonard de).
Gérin.
Germanos.
Géronval.
Gervais.
Giacobi, avocat.

Gigault, auteur d'une Vie politique du marquis de La Fayette (1833).
Girardin (Émile de), député.
Goubeau de Rospoel.
Gobert, auteur dramatique.
Goderville.
Goindard (Charles).
Gonzalès, auteur dram.
Goulet (le baron Paul de).
Grangé ou *Granger*, aut. dram.
Guinan-Laoureins (J.-B.), écrivain belge (1).
Gustave.

Hugo (le comte), lieut.-gén.

Gerdret, Ozanneaux, Saint-Georges.
Moraux d'Omâtre (Mme).
Labrunie de Nerval (Gérard).
Auger (Hippolyte).
Berger (Anatole).
Ronteix.
Desessarts d'Ambreville.
Lallemand (le docteur).
Audouin de Géronval.
Gerdret.
Pezzi (Charles-Antoine-Marie), archi-prêtre.
Gigault de La Bédollière (Émile).

Delamothe (Émile).
Vandeweyer (S.).
Montgobert.
Ancelot.
Auger (Hippolyte).
Marville.
Gandonnière (Almire).
Bastet.
Reinolds (Jean-Baptiste).

Vieu (de), Héquet, Robillard, Vulpian, de Wailly.

(1) Auteur de quatre ouvrages. Voyez ma *France littéraire* à ce pseudonyme.

H.

Hautefeuille. — Goubaux (P.).
Heleno Cranir, de Mnos en Argolide, auteur d'une facétie intitulée : De la vitesse relative et anaclastique, etc. — Chalon (R.-H.-G.), de Mons.
Henri. — Alix, Boniface, dit Saintine; Dupin, Dupuis (-Delcourt), Martin, Simon, Tully, Vilmot.
Henri (L.), compositeur de ballets. — Bonnachon.
Heures (Marie d'). — Paban (Mme Gabrielle).
Hippolyte. — Gauné, Hostein, Levesque, Magnien, Messant.
Hippolyte-Louis. — Messant.
Holstein (le vicomte d'). — Villemarest (Max. de).
Hubert, auteur dram. — Laroche.
Hudault (Armand). — Overnay.
Hus (Eugène). — Stapleton (Eugène).
Hyacinthe. — Decomberousse, Pernet.

I.

Ibrahim-Manzour-Effendi. — Cerfbeer.
Isidore. — Baron, Belle, Courville, Simart.
Iwan, auteur dramatique. — . . . . . .

J.

Jacob (P.-L.), le bibliophile. Lacroix (Paul).
James (Maxime). Rousseau (Auguste).
Jaure jeune ou *Jore* fils. Bédéno (J.-Claude).
Jeancourt (Auguste). Ajasson de Grandsagne.
Jean-Louis. Audibert.
Jenneval. Deschez (L.-H.-A.), art. dram. belge.

Jore fils. Voyez *Jaure.*
Jouy (de). Etienne (Victor-Joseph), né à Jouy.

Jules. Delahaye, Dulong, Gabriel, Leblanc, Saint-Georges, Vernet.

Julien. Mallian (Julien de).
Jumièges (Th.). Rabuteaux (A.).
Junien. Champeaux.
Justin. Gensoul.

K.

Karles (Angelina), auteur d'articles de modes dans le 3ᵉ v. de la Revue de la Province et de Paris. Adhémar (Mme la comt. A. d').

Kerardven. Dufilhol.
Kernoc (Augusta). Romieu (Auguste).
Knickerbocker (Diederich). Irwing (Washington).
Koliadès (Constantin). Le Chevalier, mort conservateur de la Bibliothèque Sainte-Geneviève.

L.

La Bédollière.	Gigault de La Bédollière.
Laborie.	Roux de Laborie.
La Chabeaussière.	Poisson de Lachabeaussière.
Lacoste (le chevalier Henri de), auteur dram.	Verdier de Lacoste (le chevalier Henri).
La Cressonnière (la vicomtes. de), auteur de la Sainte du Voralberg (1838, in-8).	Noirberne (la vicomtesse de), née de La Cressonnière.
Laffore, écrivain militaire.	Bourrousse de Laffore.
Lajariette, artiste dramatique, auteur de la Première Cause, drame, joué au Panthéon, en novembre 1843.	Letorzec (Aristide), de Nantes.
La Jonchère (de).	Delatour de la Jonchère.
La Marre (Victor de).	Vandeweyer (Sylvain).
Lambert (Emile).	Saulnier (Anatole).
Lamst.	Sédillot (L.-A.).
Landsvriend (H.-E.).	Bruneel (H.).
Lanfranchi (Louis-Rainier).	Lamothe-Langon (le baron).
La Pylaie.	Bachelot de La Pylaie.
Laqueyrie, auteur dram.	Pellissier.
La Picotière (L.-D. de).	Duchesne de La Picotière. (L.).
Lassène (Edouard), l'un des rédacteurs de la Revue de la Province et de Paris.	Rabuteaux (A.).
Lauréal.	Maizony de Lauréal.
Laurencin, artiste dram.	Chapelle.
Laurier (Léon).	Buquet. Cet auteur ayant fait reprendre quelques-unes de ses pièces sous le nom de *Laurier*, il y a tout lieu de

3.

	croire que ces deux auteurs n'en font qu'un.
Lavater (L.), romancier.	Spach (Edouard).
Lavergne (Alexandre de).	Guilhaud de La Vergne.
Lavergne (Alexandre de).	Lavaissière de Lavergne (Alex.-Marie-Anne).
Lazare.	Gandonnière (Almire).
Leblanc.	Leblanc de Ferrière.
Légreville.	Lepoitevin de Légreville, dit de Saint-Alme.
Le Normand (Jacques), auteur d'articles dans l'Indicateur de Bayeux (1837), dans le Cultivateur de la Basse-Normandie, dans la Revue de la Province et de Paris.	Luthereau (J.-G.-A.), directeur-fondateur de la Revue de Province et de Paris.
Léon.	Buquet, Duval, Laya, Pillet, Rabbe, Théaulon.
Léonard.	Chapelle, Touzet.
Léonard (Joseph).	Detchevery.
Léonce, auteur dram.	Laurençot (C.-H.-L.).
Léopold.	Chandezon, Courtier père et fils.
Le Pic (Germanus), auteur de nombreux articles dans la Gazette musicale.	Specht (A.).
Léris (de), auteur dram.	Desrosiers (Alfred).
Lesieur, ou *Lesueur.*	Tournemine (P.).
Lesparat (Mme), auteur de l'Oncle rival, comédie (1811).	Duveyrier (Anne-Honoré-Joseph).
Leuven (Adolphe de).	Ribbing.
Lewis, auteur des Mystères de la Tour Saint-Jean (1818, 4 volumes in-12).	Lamothe-Langon (le baron).
Levvis (B.), aut. d'une Physiologie du Bourbonnais (1842).	Batissier (L.).
Lhermitte (Samuel).	Garat (le chevalier).
Liancourt (Cte Aug.-G. de).	Godde (Caliste-Auguste), médecin, né à Liancourt.

Listener (Richard). — Menestrier (Charles).
Lockroy, auteur dram. — Simon (Joseph-Philippe).
Loiseleur (J.), auteur de Léonore, vaudeville (1840). — Souvestre (Emile).
Losier, auteur de la Jolie Voyageuse, etc. (1834). — Rosier, Chazet et Achille Dartois.
Loué (Philibert). — Gandonnière (Almire).
Louis. — Bilderbeck (le baron), Couailhac (L.), Domergue, Duffaud (H.), Tavernier.
Louveteau (D.'). — Darthenay, rédacteur de la Gazette des Théâtres.
Lozet, auteur dramatique. — Vernet (Jules).
Lubize. — Martin (H.).
Lucy (de), auteur dramatique. — Chapelle.
Ludovic. — Duffaud (H.).
Luigi. — Durand de Beauregard.

M.

Maigret (Francisque), de Bordeaux, l'un des auteurs de la Revue de Province. — Luthereau (J.-G.-A.)
Maillard, mélodramaturge. — Prieur (Frédéric), employé au Ministère de l'instruction publique.
Maldigny. — Cléver, baron de Maldigny (Auguste-Charles).
Malherbe. — Boursault (J.-F.).
Malvoisine. — Grille (F.).
Mancin, auteur de Alerte, com. en 5 actes et en vers (Toulouse, 1842). — Barthélemy.

Mancy (G. de).	Geindre de Mancy.
Mancy (J. de).	Jarry de Mancy.
Mangenville (le chevalier de).	Hilaire (Marc).
Murco de Saint-Hilaire (Émile).	Hilaire (Émile-Marc), fils du général de ce nom.
Marie.	Aycard, Loignon.
Marlès.	Lacroix de Marlès.
Marlinsky, littérateur russe, auteur d'Ammalet-Bey (1836, in-8).	Bestucheff.
Martignac.	Algay de Martignac.
Martiney (Léon).	Leflocq (Victor).
Massy (Eugène de).	Landais (Napoléon).
Matharel (Charles de)	Fiennes (Ch. de).
Mathias.	Morisot.
Mathieu.	Ghislain (Adolp.-Ch.-Math.).
Maugenet.	Ménégaut.
Maurbrun.	Maurice (F.-M.), libr. à Paris.
Maurice.	Séguier (Maurice).
Maurice (Charles).	Descombes.
Maurice (Philadelphe).	Alhoy (Maurice).
Maurin (Jean), auteur de beaucoup d'articles dans la Revue Provinciale, qui paraît à Bar-le-Duc.	Coursiers (Théodore), ancien élève de l'École des Chartes, et ancien rédacteur-directeur de la Revue de la Meuse.
Maxime.	Redon de la Chapelle (1).
Maximilien.	Courtier fils, Redon de la Chapelle.
Mégalbe.	Planat.
Melchior.	Boisset.
Mélesville.	Duveyrier (Anne-Hon.-Joseph).
Melvil (lady).	Chevalier (Mme Pitre).
Mely-Janin.	Janin (J.-Marie).
Merville.	Camus.

(1) Près Port-Sainte-Marie (Lot-et-Garonne), et non des Chapelles, comme on l'a dit quelque part.

Mésenthère (le docteur), auteur des Pilules dramatiques, etc. (1831).	Leuven, Masson, Rochefort et de Villeneuve.
Messias (le R. P.), auteur d'une Bibliothèque pieuse.	Congnet (l'abbé Henri).
Michel Raymond.	Masson et Brucker.
Milbons.	Blocquel (Simon).
Minette (Mlle).	Menestrier (Mlle Marie-Minette).
Mirval (C.-H. de).	Champagnac (J.-B.-J.).
Molé (Mme la comtesse).	Fayot (Alfred).
Molènes (G. de).	Gachon de Molènes.
Moléri, auteur dramatique.	Demolière (H.-Jules).
Monblis.	Blocquel (Simon).
Montpensier (le duc de), frère de S. M. Louis-Philippe [auto-biographie (apocryphe) de]	Vatout (J.).
Monnier (H.).	Monnier de la Sizeranne.
Monnières.	Hugo (Abel).
Monrose (Louis).	Barrizin.
Montabert.	Paillot de Montabert.
Montbel, ancien ministre de Charles X.	Baron de Montbel (Guillaume-Isidore).
Montbrun.	Decomberousse (Hyacinthe).
Montfalcon (Alexandre), l'un des rédacteurs de la Revue de la Province et de Paris.	Adhémar (le comte A. d').
Montferrand (Alfred de).	Chesnel (Adolphe de).
Montferrier (A.-S. de).	Sarrazin de Monferrier (A.).
Montgray (Anatole de).	Macaire (Stanislas).
Montigny, auteur dramatique.	Lemoine (Adolphe).
Montréal.	Deaddé (E.).
Monvel.	Boutet (J.-M.), Boutet (Noël-Barth.), Boutet (J.-M.-J.-A.).
Moreau (Mlle Élise).	Pacault (Mlle Désirée).
Morency (Illyrine de), auteur de plusieurs romans licencieux.	Girieux (Mlle Suzanne), dame ***.
Mortonval.	Guesdon (Furcy).

Mout.	Vacquerie (A.).
Murville.	André (Pierre-Nicolas).

N.

Nanteuil.	André de Nanteuil, Gaugirand.
Nantua.	Crapelet.
Nardouet (la comtesse de), féconde romancière.	Ruault (la comtesse de).
Narratius Viator.	Grandsire.
Néophobus.	Nodier (Charles).
Neuville, auteur dramatique.	Dubourg (A.).
Niade (Hippolyte).	Lepage (Charles).
Niel (Jules).	Ozenne (Mlle Louise).
Nina (Miss), auteur d'une nouvelle, intitulée : La Marquise de Senneville (1844).	Duff (Mlle Nina), sœur de madame la comt. A. d'Adhémar.
Noëlc (Petrus), auteur du Siége de la Sorbonne (1844).	Galoppe d'Oncquaire (Cléon).
Norgiat, poëte.	Rogniat, neveu du général de ce nom.
Nouël (Ed.).	Noël (Ed.).
Numa-Armand.	Jautard (Armand).
Nus-Follet.	Follet (Aug.) et Nus (Eug.).

O.

Octave.	Ces-Caupenne (le baron de).
Octo.	Dupuis-Delcourt.
O'Donnor, auteur du Parlement	Fontaney.

anglais, en 1835, impr. dans la Revue des Deux-Mondes.

Odry. — Marion du Mersan.
Oldbouck, archéologue. — Smith, ancien chef de division au ministère des cultes.
Old Nick. — Forgues (Émile Dauran).
Olincourt (d'). — Gigault d'Olincourt.
Olympe (Mme). — Marion du Mersan.
Oreb (Pierre), auteur d'Abel de Laflaie (1838, in-8). — Leluault Mancelière (Mme).
Orive (d'), auteur dramatique. — Goubaux (Prosper), chef d'institution, à Paris.
Orsini (Mme). — Baudouin (Mme), née Mortemart-Boisse, femme du propriétaire du Moniteur paris.
Oscar. — Paillart, neveu de M. Pichat.
Ozelli (W.), anagramme de — Woillez (Eugène), l'un des neveux de Mme Woillez.

P.

Pagès (Émile), auteur dramatique et nouvelliste. — Bergeron (Louis).
Palman (Eugène de). — Regnier Destourbets.
Palmir, auteur et artiste dram. — Hutin (Francisque).
Panalbe (C.-B. de). — Brugnot de Pain-Blanc (Charles), de Troyes.
Pangloss (Martin), aut. dram. — Rigault et H. Tully.
Pascal (l'abbé Stanislas), auteur d'un Mois de Marie, gr. lat. (1835). — Congnet (l'abbé Henri).
Paul, auteur dramatique. — Musset (Paul de).
Paulin, auteur dramatique. — Duport (Paul); — Gombault.

Paulus Studens, auteur des Souvenirs d'un Étudiant (Liége, 1844, in-18).	Henaux (P.-S. Victor).
Pécherel (J.), auteur dramat.	Chabot de Bouin.
Penhoët (Olivier et Tanneguy de).	Mainguet (Olivier), neveu de M. Du Mersan, et ***.
Penn (Civique).	Mevolhon, d'Angers.
Perriwig (sir J.), auteur de la Semaine de du Bartas, imprimée au t. 39 de la Revue de Paris.	......
Phalantée (Sylvain).	David (Pierre), ancien consul de France, depuis député.
Philadelphe, auteur dramat.	Alhoy (Maurice).
Philarmos, poëte.	Lafresnaye, de Barfleur (Manche).
Philibert, auteur dramatique.	Rozet.
Philippe, auteur dramatique.	Dumanoir; Roustan.
Philomneste.	Peignot (Gabriel).
Picard (Léon), auteur dramat.	Bayard (Antoine).
Pichat (Oscar).	Maillart (Oscar).
Pichauld (Anatole), auteur d'Une exécution révolution. à Mons en 1794.	Chalon (R.-H.-C.), de Mons.
Pictor (Gabriel).	Jal (A.).
Pierrefonds, auteur dramat.	Goubaux (Prosper).
Pimpurniaux (Jérôme,.	Borgnet (Ad.), de Bruxelles.
Piperel (Jean).	Veuillot (Louis).
Pitre-Chevalier.	Chevalier (Pierre).
Placide-le-Vieux.	Charlemagne (Armand).
Polyanthe, aut. d'articles dans l'Abeille, publiée par Mme Dufrénoy (1821 et 1822).	Chapponier (Alex.), D. M.
Ponet (Louis), auteur dramatique et romancier.	Portelette.
Prosper, mélodramaturge.	Le Poitevin de Saint-Alme; — Marguery.
Prosper, auteur dramatique,	Noyer (Prosper).

l'un des deux auteurs de Sujet et Duchesse (1839) (1).

R.

Rab (Ed.), auteur d'une Dissertation philosophique, impr. dans le 4ᵉ vol. de la Revue de la Province et de Paris.
Rabutaux (A.).

Radcliffe (Anne), auteur de l'Hermite de la Tombe mystérieuse (1815, 3 vol. in-12).
Lamothe-Langon (le baron).

Raffard (J.-C.), auteur des Volontaires en route, vaudeville (1793).
Brienne.

Raigner de Malfontaine (Mlle), auteur de Proverbes.
Garnier (Jean-Joseph), de l'Acad. royale des inscriptions.

Raimond, auteur de Bertram, ou le Pirate, mélodr. (1822).
Taylor (le bar.).

Rambler (Jacques).
Peignot (Gabriel).

Raméhda, anagramme, auteur de quelques articles industriels dans la Revue de la Province et de Paris.
Adhémar (le comte A. d').

Raoul, auteur dramatique.
Chapais.

Raoul (Maximilien).
Letellier (Charles), de Saint-Malo.

Raton de Sainte-Barbe.
Auburtin (J.-D.-V.).

Raymond (Élie).
Berthet (Élie); — Provost.

---

(1) Cette pièce n'est autre que la pièce de M. Prosper NOYER, représentée d'abord en Belgique sous le titre de *Jacqueline de Bavière*. Le nom de M. Delacroix n'est que celui du parrain ou présentateur qui l'a fait jouer postérieurement sous ce nouveau titre, au théâtre du Panthéon, le 25 septembre 1839.

Raymond (Jean), auteur de spirituels articles et feuilletons dans la Lancette, gazette des hôpitaux.

Raymond (Michel).

Regnault, auteur dramatique.

Regnault (Alphonse), auteur dramatique.

Regnault (J.), auteur dramat.

Reinrag (Paulus), anagr. de

Renal (Antony).

Renaud, aut. dram., auteur de l'Obstiné, ou les Bretons, vaudeville (1837).

René, aut. dram.

Reschastelet, anagr., éditeur d'une édition de la Servitude volontaire, ou le Contr'un, par Étienne de la Béotie, avec un Commentaire babouviste (fort curieux) et un supplément intitulé : Quelques citations historiques de nos annales républicaines (Bruxelles et Paris, 1836, in-8) (1).

Reter de Brighton.

Revel, auteur dramatique.

Revel (Max.).

Latour (Jean), D. M.

Raymond Brucker et Michel Masson.

Potron; — Jules de Prémaray.

Laya (Léon).

Prémaray (de).

Garnier (Paul-Aimé).

Billet (Claudius), de Lyon.

Pillet (L.).

Périn (René).

Teste (Charles), frère de l'ancien ministre.

Regnier Destourbets.

Volleau.

Revellière (Victor-Maxime), second fils de M. Revellière, ancien député (2), et neveu de

---

(1) Volume tiré à 1500, mais qui n'a jamais été mis en vente. Il en a été distribué 3 ou 400 gratuitement.

(2) Le rédacteur du Catalogue de la bibliothèque dramatique de M. de Soleinne, tome III, p. 150, ainsi que M. Goizet, dans les deux articles du Bulletin de l'Alliance des Arts, ont fait erreur en signalant le nom de M. Camille Doucet comme le pseudonyme de celui de M. Revellière. MM. Revellière et Doucet, deux écrivains très distincts, ont été quelquefois collaborateurs ; voilà ce qui a donné lieu à cette erreur.

	l'ancien directeur de la république.
Rhoone (lord).	Balzac (Honoré).
Richard, auteur dramatique.	Fabert.
Rieux (A. de), auteur d'Eudoxe, ou l'Homme du xixe siècle ramené à la foi de ses pères (1840, in-8).	Carrat de Vaux (Alex.).
Rinmon (de), anagr. de	Monnier (D.).
Rivoli (Éd.), anagramme de	Dolivier.
Robert, auteur des Mémoires d'un claqueur (1829, in-8).	Castel, anc. rédact. du Miroir.
Robert (Jules).	Challamel (Augustin).
Roberval (le vicomte Hector de), auteur de chroniques de la quinzaine dans l'Indicateur de Bayeux (1837).	Luthereau (J.-G.-A.).
Rochefort (de).	Labouïsse (Aug. de).
Ruben, auteur dramatique.	Naigeon.
Rudemain.	Dolivier.

S.

Saint-Aguet (Maurice).	Maurice (Charles) (1).
Saint-Albin.	Pouyet (Émile).
Saint-Albin (J.-S.-C. de).	Collin (Aug.-Sim.), de Plancy.
Saint-Alme.	Le Poitevin de Saint-Alme.
Saint-Amand (J.-P.-Ch. de).	Chevalier (J.-P.), de St-Amand.
Saint-Amand (M.), aut. dram.	Lacoste (Amand).
Saint-Ange, auteur dram.	Martin (Henri).

(1) Cet écrivain a pris en littérature le nom de sa mère, pour n'être pas confondu avec le rédacteur du *Courrier des Spectacles*, qui signe de ce nom, qui est un pseudonyme pour lui.

Saint-Aubin (Horace), rom.	Balzac (Honoré).
Saint-Aure (Jules de), auteur dramatique et rom.	Delahaye (G.).
Saint-Bris, aut. de la Mendiante, vaudeville (1831).	Ancelot.
Saint-Edme.	Bourg (Edme).
Saint-Elme (Ida), la Contemporaine.	Aylde Jonghe (Van).
Saint-Ernest, artiste dram.	Brette.
Saint-Félix (Jules de).	Amoreux (Saint-Félix d').
Saint-Firmin, artiste et auteur dramatique.	Ferré (A.), ancien sergent de la garde royale, mort en 1839 ou 1840.
Saint-Germain (C. de).	Gilles (Fortuné), de St-Germain.
Saint-Gervais, auteur dram.	Alhoy (Ph.-Maurice).
Saint-Hilaire (Emile-Marco de).	Hilaire (Emile-Marc).
Saint-Hilaire, auteur dram.	Villain de Saint-Hilaire.
Saint-Just.	Godart d'Aucourt de St-Just.
Saint-Laurent, auteur dram.	Nombret de Saint-Laurent.
Saint-Luc, auteur dram.	Cogey.
Saint-Marc Girardin, professeur, académicien et député.	Girardin (Marc).
Saint-Martin (le marq. de).	Guérin (E.-L.).
Saint-Martin (Henriette de), auteur de : Un Ange sur la terre, etc. (1843), de Berthe la Saxonne (1844), et de Nouvelles historiques (1844).	Le Clerc (Mlle), fille d'un lieutenant-colonel.
Saint-Remy, auteur dram.	Chazet et Dubois.
Saint-Remy, aut. de l'Auteur malgré lui, com. (1823).	Mimaut de Méru.
Saint-Sard.	Gibory (F.-D.).
Saint-Sernin (E.-P. de), auteur de beaucoup de notices dans le Biographe et l'Historien.	Pascallet (E.), de Saint-Sernin.
Saint Victor (B. de).	Bins de Saint-Victor.
Saint-Yon (le général A.).	Moline de Saint-Yon (A.).
Saint-Yves, auteur dram.	Déaddé.

Sainte-Foi, anc. rédact. de l'Avenir, de la Revue Européenne, auteur du Livre des Peuples et des Rois, etc. etc.	Jourdain (Eloi), né à Beaufort-en-Vallée, en 1806.
Sainte-Ouen (Mme L. de).	Boen de Ste-Ouen (Mme Laure de), née à Lyon, en 1779, morte à Nanci, vers 1834.
Saintes (A.-E. de).	Eymery (Alexis), de Saintes, ancien libraire à Paris.
Saintine (B.).	Boniface (Xavier).
Salvador, art. et aut. dram.	Tuffet (Salvador).
Sand (1) (Georges).	Dudevant (Mme Aurore), née Dupin.
Sandrin, auteur dram.	Antier fils.
Satyricon, auteur de la Romantiade, poëme lunatique (1839, in-12).	Blandet, D. M.
Sauvageot, aut. des Oppressions de Voyage, vaud.	Langlé (Ferdinand).
Savigny (l'abbé de).	Alhoy (Maurice).
Scott (W.), auteur d'Allan Cameron, et d'Aymé Verd.	Calais ( ), ancien secrétaire de M. de Genoude.
Selneuve, auteur dram.	Larguèze.
Senan (Mme Marie), aut. de l'Attente, dr. en vers (1838).	Wailly (Jules de).
Severus Syntaxe (le docteur), auteur d'une Grammaire de l'Académie, etc. (1838, in-32), d'une Grammaire des épiciers, etc. (1839, in-32), et d'articles dans la Tribune de l'Enseignement.	Bescherelle ainé.
Sévigné (Mme de).	Chatelain (Nic.).
Séville, aut. dram. et romanc.	Armand.
Sewrin (Charl.-Augustin B.), fécond aut. dram. et rom.	Bassompierre (C.-A. de).

(1) Tout le monde sait que ce nom est une abréviation de celui de *Sandeau.*

Sigisbert (L.), aut. de l'Aventure tyrolienne (1826, 3 vol. in-12). — Hugo (le comte Joseph-Léopold-Sigisb.), lieut.-gén.

Smith (Paul). — Monnais (Edouard).

Snilas, auteur dramatique. — Salins (Auguste), chef du balancier de la Monnaie.

Sol (Daniel), auteur de feuilletons dans divers journaux. — Féval (Paul).

Soly (Jules). — Guillemart.

Sor (Mme Ch. de). Voy. *De Sor*.

Sphodrétis, aut. de l'opusc. intulé : A qui le fauteuil ? (1817, in-8). — Duronceray (P. Lasgneau).

Stahl. — Hetzel, libr.-éditeur.

Stempkovski (J. de), colonel au service de Russie, auteur d'une Notice sur les médailles de Rhadaméadis, etc. (1822, in-8). — Rochette (Raoul), de l'Instit. (1).

Stephen, auteur dram. — Arnoult (Stephen).

T.

Talabot (Mme). — Eymery (Alexis).

Tavau, dentiste. — Lachaise.

Tevoli. — Viollet d'Épagny.

Thalaris Dufourquet. — Dufourquet (Jenny), née à Rouen, en 1792, connue d'abord sous le nom de *Jenny Bastide*, et aujourd'hui sous celui de Mme *Camille Bodin*.

(1) Quel autre que M. Raoul Rochette avait intérêt à répondre à la critique de ses Antiquités du Bosphore Cimmérien (1822), faite par M. Kœhler, de Saint-Pétersbourg ?

Théo, l'un des aut. d'Une Révolution d'autrefois, drame, et d'Arabella, drame (1834).	Burette (Théodose).
Théodore, aut. dram.	Anne;-Maillard;-Nezel;-Pernot.
Thésigny, aut. dram.	Domillier de Thésigny.
Tiberge (l'abbé).	Regnier Destourbets.
Tim, aut. d'art. de critique dans « le Temps. »	Forgues (Émile Dauran).
Timon.	Lahaye de Cormenin (Louis-Marie), anc. auditeur au conseil d'État, plus tard député.
Tocqueville (de), député et académicien.	Clerel de Tocqueville (Alexis-Charles-Henri).
Toreinx (L.-R. de), auteur d'une Histoire du romantisme en France (1829, in-18).	Ronteix (Eugène).
Tortu-Goth, aut. des Buses Graves, trilogie.	Arnoux (d'), artiste et littér.
Tournay (de), aut. dram.	Nioche de Tournay.
Trolopp (sir Francis).	Féval (Paul).
Turpin (l'archevêque), auteur d'Iseult de Dôle, etc. (1832, 2 vol. in-12).	Du Sillet.
Tutundju - Oglou - Moustafa-Aga.	Senkousky.
Tyrtée, aut. dram.	Tastet.

U.

Uranelt de Leuze.	Laurent (P.-M.).

V.

Vaez (Gustave), auteur dram. belge. — Nieuwenhuyzen (Gustave van), né à Bruxelles, le 6 décembre 1812).

Valamont, poëte et fabuliste. — Porchat (J.-J.), de Genève.

Valangin (A.-M. de), auteur des Libéraux aux enfers, poëme (1822, in-8). — Montaudon (A.), de Valengin.

Valblette (de). — Roselly de Lorgues.

Valery, bibliothécaire de Versailles, auteur de Voyages en Italie, etc. — Pasquin (Antoine-Claude).

Vallier, art. et aut. dram. — . . . . .

Valory, aut. dram. — Mourier (Charles).

Vanderseen (Mlle). — Martin (H.).

Vandière, aut. dram. — Chapais.

Varicléry (le vicomte de). — Lamothe-Langon (le baron de).

Vatout (J.), député. — Bergami, Louis-Philippe Ier, Montpensier.

Vatout (J.), bibliothécaire particulier de S. M., député, etc., auteur des Souvenirs historiques des résidences royales de France (1837-40, 4 vol. in-8). — Saint-Esteben, auteur anonyme de la Mort de Coligny, etc., scènes historiq. (1830, in-8).

Vaudoncourt (le général G. de). — Guillaume (Frédéric), né à Vaudoncourt (Moselle), vers 1765.

Vaulabelle (Achille de), auteur de la Chute de l'Empire. Histoire des deux Restaurations. — Martin (Henri).

Vérardi, auteur du « Manuel du destructeur des animaux nuisibles » (1827, in-18). — Boitard (P.).

Vermond (Paul).	Guinot (Eugène).
Vermond (Pierre).	Rousselet (Armand).
Verneuil (F. de), aut. du Jeune Frondeur, com. (1811).	Falaise de Verneuil.
Vernisy, aut. dram.	Pouyer (Émile).
Vianadt, anagr. de	Taviand, auteur dram.
Viarz (Maurice de), auteur de l'Aide de Camp (1832, in-8).	Roergas de Serviez (Alfred-Emmanuel).
Victor, aut. dram.	Varin.
Victor (J.), aut. dram.	Saint-Marcellin (J.-V.), fils naturel de Fontanes.
Victor (Pierre), art. et aut. dramatique, aut. d'Harold, ou les Scandinaves, trag. (1824).	Lerebours.
Victorien.	Scaliette.
Victorin, aut. dram.	Fabre (Victorin).
Viellerglé, romancier.	Lepoitevin de Légreville.
Vieuxbois (la marquise de), auteur de « la Juive errante », impr. dans la Gazette des Femmes, 1844 (1).	Léo-Lespès.
Villemontez.	Bidon de Villemontez.
Villeran (L.), aut. dram.	Montbaud de Villeran (L.).
Villevert (Armand de), aut. dr.	Durantin.
Villiers (Léon de), aut. dram.	Delalain (Édouard).
Voltaire.	Châtelain (Nic.).
Vouziers (de).	Moithey (D.-J.), de Vouziers.

W.

Wigmore (lord).	Mortemart-Boisse (le baron).
Wilhem (B.).	Bosquillon (Guillaume-Louis).

(1) Ouvrage différent et d'un autre auteur qu'un roman portant le même titre, dont il paraît les deux premiers volumes (Paris, Charles Le Clere, 1844).

4.

X.

Xavier, auteur dram.   Boniface (Xavier) ; — Veyrat.
Xivrey (B. de), de l'Institut.   Berger, de Xivrey.

Y.

Yreith.   Thiéry.
Ysarn (Justin d'?).   Alric (Justin d').

Z.

Zaghelli (Aimé).   Massé.
Zéro (Paul).   Garnier (Paul-Aimé).

ADDITIONS.

Adélaïde, auteur des « Chemins de Fer, » récit moral (1838, in-12).

Nansouty (la comtesse de).

Archiloque, auteur de l'ouvrage périodique intitulé : « A toi, Barthélemy, » satires (1844, in-8).

Gandonnière (Almire).

Auguste, auteur dramatique.

Coster.

Bastide (Mme Jenny).

Dufourquet (Mlle Jenny).

Bodin (Mme Camille).

Dufourquet (Mlle Jenny).

Cardelli (P.), auteur des « Manuels du Cuisinier et de la Cuisinière » (1822); du Limonadier, du Confiseur et du Distillateur » (1822), et de la Jeune femme » (1825).

Duval (Henri), ancien secrétaire de M. de Las Cases.

Condorcet (M.-J.-Ant.-Nic. Caritat, marquis de), aut. posthume et apocryphe de « Mémoires sur la Révolution française » (1824, 2 vol. in-8).

La Rochefoucauld-Liancourt (le marquis Fréd.-Gaëtan de).

D*** (le comte), auteur d'un « Précis historique sur les révolutions du royaume de Naples et de Piémont, en 1820 et 1821, » (1821, in-8).

Duval (Henri), ancien secrétaire de M. de Las Cases.

Duval (Geo.), auteur dramatique, auteur « d'Une journée à Versailles, etc., » comédie, (1815).

Labiche, anc. chef de bureau à l'Intérieur.

Edmond, aut. dramatique, l'un des auteurs de « Mon cousin Lalure, » comédie-vaudeville, (1812). — Amelot, depuis maître des requêtes.

Eusèbe G******, auteur d'une « Revue des Romans, etc. » (1839, 2 vol in-8). — Girault, de St-Fargeau (Yonne).

Gaëtan (Fr.), auteur dramatique, l'un des auteurs de « Midi, ou un Coup-d'œil sur l'an VIII, » vaudeville (1801). — La Rochefoucauld-Liancourt (le marq. Fréd.-Gaëtan de).

Gaulay (David), aut. d'une Histoire du congrès de Vienne (Bruxelles, 1815, in-8). — La Rochefoucauld-Liancourt (le marquis Fréd.-Gaëtan de).

Giboux (Moussu de), auteur de poésies en patois de Montpellier, imprimées sous le titre de Flurétas (1844, in-8). — Pierquin, de Gembloux.

Jules, auteur dramatique, l'un des auteurs du « Retour au comptoir, etc., » (1808). — Vieillard, de la Bibliothèque de l'Arsenal.

Juvénal (L.-C.), auteur d'un écrit intitulé : « la France à Barthélemy » (1844, in-8). — Chaumont (Léon de).

Lagenevais, aut. de la nouvelle intitulée: «La duchesse de Palliano,» impr., en 1838, dans la Revue des Deux-Mondes. — Beyle (Henri).

Lami. — Mossé.

Latour (Mme Charlotte), auteur du Langage des fleurs (1819, in-18., souvent réimprimé (1). — Cortambert (Mme), mère du géographe.

Leprince, auteur de divers articles signés de ce nom, dans — Alkan (Aphonse) aîné.

---

(1) Ce petit ouvrage a été faussement attribué à M. AIMÉ MARTIN, peut-être parce qu'il avait été chargé par l'auteur de traiter avec un éditeur.

les « Annales de la Typographie, etc., » dont il était le principal rédacteur.	
Lorry (Alphonse), aut. de deux romans satiriques.	Clerjon (Pierre).
Marc-Luc-Roch-Polycarpe, auteur de « Mes Contes et ceux de ma gouvernante » (1820, 3 vol. in-12).	Duval (Henri), ancien secrétaire du comte de Las Cases.
Maule (Clovis de), aut. des Ducs d'Alençon (1844, brochure in 8).	Bast (Amédée de).
Mirbel (Mme Léonie de).	Guérin (Léon) (1).
Montchevereau (L.-R. de).	La Rochefoucauld-Liancourt (le marquis Fréd.-Gaëtan de).
Noisette (L.), auteur des « Manuels complet du Jardiner, etc., » (1825-27, 4 vol. in-8); « et du Jardinier des primeurs » (1832, in-18).	Boitard (P.).
Odin (Maxime).	Nodier (Charles).
Paulny (Paul de), rédacteur de la partie théâtrale de la France musicale.	Saint-Pol (le baron de).
Pierquin de Gembloux, fécond polygraphe.	Perquin, de Gembloux (Belgique) (2).
Piskergill, aut. d'articles dans la Revue de Paris.	Pichot (Amédée).
Poiteau, auteur du « Jardinier des fenêtres », 2ᵉ édition. (1829, in-18).	Boitard P.).
Raimbault (Jules), auteur d'un écrit intitulé : « les Saint-Simoniens. » (1831, in-8).	Boissieu (Alphonse de).

(1) Qu'il ne faut pas confondre avec le trop fécond romancier E. Guérin.
(2) Un des antagonistes de cet écrivain dit qu'il n'est pas même né à Gembloux, mais à Bruxelles.

Saint-Yves, auteur dramatique. Delalain (Édouard), marchand de draps, rue Saint-Honoré.
Stendhal. Beyle (Henri).
Théophile, auteur dramatique. Marion du Mersan.

CONTRE-PARTIE.

AUTEURS QUI SE SONT DÉGUISÉS, AVEC L'INDICATION DE LEURS MASQUES.

A.

Adhémar (le comte A.).	*Montfalcon* (Alex.), *Ramehda*.
Adhémar (Mme la comtesse A.).	*Karles* (Angelina).
Advenier-Fontenille.	*Fontenille*.
Ajasson de Grandsagne.	*Jeancourt* (Aug.).
Algay de Martignac (le vicomte).	*Martignac*, seul nom sous lequel il soit connu.
Alhoy (Maurice).	*Philadelphe-Maurice*, *Philadelphe*, *Saint-Gervais*, *Savigny* (l'abbé de).
Alissan de Chazet. Voyez *Chazet*.	
Alix.	*Henri*.
Alkan.	*Leprince*.
Allamand (F.-L.), écriv. suisse.	*Bardophilax*.
Allard (Gustave).	*Balthazar* (Gust.).
Almbert (d').	*Alfred*.
Alric (Justin d').	*Ysarn* (Justin d').

Altaroche.	*Augerol* (Vict.), *Dupuy.*
Amelot, maître des requêtes.	*Edmond.*
Amoreux (Saint-Félix d').	*Saint-Félix* (Jules de).
Ancelot, de l'Acad. française.	*Ernest, Goderville, Saint-Bris.*
André, de Nanteuil.	*Nanteuil.*
André (Pierre-Nicolas).	*Murville.*
Anne.	*Théodore.*
Antier (Benjamin).	*Benjamin.*
Antier-Chevrillon.	*Benjamin, Sandrin.*
Arago (Étienne).	*Estagel, Étienne.*
Arago (Emmanuel), avocat.	*Emmanuel.*
Arblay (d'), mari de miss Burney, anc. député.	*Chevalier d'Ancenis.*
Argand de Barges.	*De Barges.*
Armand, auteur dramatique et romancier.	*Séville.*
Arnoult (Stéphen).	*Alexis, Stéphen.*
Arnoux (d'), art. et littér.	*Bertall, Tortu Goth.*
Aubin (P.-F.).	*Desfougerais.*
Auburtin (J.-D.-V.).	*Raton de Sainte-Barbe.*
Audibert.	*Jean-Louis.*
Audiffret (Th.), de la bibliothèque du roi.	*Feutardif.*
Audouin de Géronval.	*Géronval.*
Auger (Hippolyte).	*Gerau* (H.), *Goindard* (Ch.).
Avrecourt (d'). Voy. *Davrecourt.*	
Aycard.	*Marie.*
Aylde Jonghe (Mme Van), la contemporaine.	*Ida Saint-Elme.*

B.

Bachelot de la Pylaie.	*La Pylaie.*
Balisson de Rougemont.	*Émile.*

Ballot (Henri).	*Dovarias* (Christian).
Balzac (Honoré de)..	*Rhoone* (lord), *Saint-Aubin* (Horace).
Barbé (Mlle Hort. *Céré*, dame).	*Céré-Barbé*.
Barbey d'Aurevilly, d'abord littérateur, aujourd'hui prêtre.	*Aurevilly* (Léon d').
Barbier du Faï.	*Du Faï*.
Barginet (Alexandre).	*Alexandre*.
Baron.	*Isidore*.
Baron de Montbel (Guill.-Isid.).	*Montbel* (de).
Barret (Étienne-Emmanuel).	*Belville*.
Barrière.	*Alexis*.
Barrizin, artiste dramatique.	*Monrose* (Louis).
Barthélemy, de Toulouse.	*Mancin*.
Basset.	*Alexandre*.
Bassompière (C.-A. de), fécond aut. dram. et romancier.	*Sewrin*.
Bast (Amédée de).	*Maule* (Clovis de).
Bastet.	*Grangé* et *Granger*.
Batissier (L.).	*Lewis* (B.).
Baudouin (J.-M.-Théodore).	*Aubigny* (B. d').
Baudouin (Mme), née Mortemart-Boisse.	*Orsini*.
Bayard (Antoine).	*Picard* (Léon).
Bayle-Mouillard (Mme).	*Celnart* (Mlle Élisabeth).
Beaufort d'Auberval.	*Dauberval*.
Bédéno fils (J.-Cl.).	*Jaure* et *Jore*.
Belle.	*Isidore*.
Benard.	*Albert*.
Béraud (Antony).	*Alexandre, Antony*.
Bercher (J.).	*Dauberval*.
Berger (Anatole).	*Gerber*.
Bergeron (Louis), littérateur.	*Pagès* (Émile).
Bernard (Jean-Pierre), artiste et auteur dramatique.	*Bernard-Léon*.
Bernard (L.-R.-D.) de Rennes, député, etc.	*Auguste, Innocent Bonnefoy*, de Gonesse.
Bernos.	*Alexandre*.

Berthaud, auteur dramatique.	*Duplessy.*
Berthet (Élie).	*Raymond* (Élie).
Berton (J.-Michel).	*Bertrand.*
Bescherelle aîné, grammairien et lexicographe.	*Severus Syntaxe* (le doct.).
Bestucheff, littérateur russe.	*Marlinsky.*
Beudin, banquier de Paris, ancien député.	*Dinaux.*
Beyle (Henri).	*Bombet* (L.-A. César), *Lagenevais, Stendhal.*
Bidard Hayère.	*Dulorny* (Ch.).
Bidon de Villemontez.	*Villemontez.*
Bilderbeck (le baron de).	*Louis.*
Billet (Claude), de Lyon (1).	*Antony Claudius, C. Antony Rénal.*
Bins de Saint-Victor.	*Saint-Victor* (B. de).
Blanchard, auteur dramatique.	*Félix.*
Blandet, D. M.	*Satyricon.*
Blaze, de Cavaillhon.	*Castil-Blaze.*
Blocquel (Simon).	*Aaron* (l'helléniste), *Blismon, Buqcellos, Milbons, Monblis.*
Boen de Saint-Ouen (Mme Laure de) (2).	*Saint-Ouen* (L. de).
Boisset.	*Melchior.*
Boissieu (Alph. de), de Lyon.	*Raimbault* (Jules).
Boistel d'Exauvillez, petit-fils de Boistel d'Welles.	*Exauvillez* (B. d').
Boitard (P.).	*Noisette* (L.), *Poiteau, Verardi.*
Boivin (L.).	*Boileau-d'Auxy.*
Boniface.	*Saintine.*
Bonnachon, compos de ballets.	*Henry* (L.).
Bonnomet (J.-A.).	*Albonius.*
Bonon (Victor).	*Bazancourt* (de).
Bordier (Mlle Julie).	*Anspach* (Maria d').
Borgnet (Adolphe), de Namur.	*Pimpurniaux* (Jérôme).

(1) Voyez notre Littérature française contemporaine.
(2) Le fils de cette dame a épousé la fille d'Eusèbe de Salverte, député.

Bosquillon.	*Wilhelm* (B.).
Boudin.	*Amédée.*
Bourg (Edme).	*Saint-Edme* (B.).
Bourgeois (Anicet).	*Anicet.*
Bourlain (J.-A.).	*Dumaniant.*
Bourrouse de Laffore, écrivain militaire.	*Laffore.*
Boursault (J.-F.).	*Malherbe.*
Boutet frères (J.-M., Noël-Barth., et J.-M.-J.-A.).	*Monvel.*
Brahain Ducange.	*Ducange* (Victor).
Brette, artiste dramatique.	*Saint-Ernest.*
Brienne.	*Raffard* (J.-S.).
Briois.	*Belleroche.*
Brisset.	*Ernest.*
Brouilhony (de).	*Bono-Ilhury.*
Brousse-Desfaucherets.	*Desfaucherets.*
Brucker.	*Raymond* (Michel).
Brugnot de Pain-Blanc (Charles), de Troyes.	*Panalbe* (C.-B. de).
Bruneel (H.).	*Landsvriend* (H.-E.).
Buquet.	*Laurier* (Léon), *Léon.*
Burette (Théodose).	*Théo.*
Bury (de).	*Fulgence.*

C.

Cahier (le P. Charles).	*Acheri.*
Calais, ancien secrétaire de M. de Genoude.	*W. Scott.*
Camus.	*Merville.*
Canard (Mlle), depuis Mme Bayle-Mouillard.	*Celnart* (Mlle).
Cantiran de Boirie.	*Boirie.*

Capelle.	*Adolphe.*
Carpier, auteur dramatique.	*Cartier.*
Carrat de Vaux (Alex.).	*A. de Rieux.*
Castel, anc. réd. du « Miroir. »	*Robert.*
Cavé.	*Defongeray, Florentin.*
Cellié, auteur dramatique.	*Eugène.*
Cellier-Dufayel.	*Dufayel.*
Cerfbeer.	*Alphonse, Ibrahim-Manzour-Effendi.*
Ces Caupenne (le baron de).	*Octave.*
Chabot de Bouin, aut. dram.	*J. Pécherel.*
Chaize de Cahagne.	*Arsène Cey.*
Challamel (Augustin).	*Jules Robert.*
Chalon (R.-H.-G.), de Mons.	*Helano Cranir, Anatole Pichauld.*
Champagnac (J.-B.-J.).	*Chantal, C. H. de Mirval.*
Champaux.	*Junien.*
Champfeu.	*Alphonse.*
Chancel (Charles).	*Ausone.*
Chandezon, aut. dram.	*Léopold.*
Chapais, auteur dramatique.	*Raoul, Vandière.*
Chapeau, auteur dramatique.	*Desvergers.*
Chapelle, auteur dramatique.	*Auvray, Laurencin, Léonard, de Lucy.*
Chapponier (Alex.), D. M.	*Polyanthe.*
Chareau (Paul).	*Ben* (Paul).
Charlemagne (Armand).	*Armand, Placide-le-Vieux.*
Chatelain (Nic.).	*Abbema, Mme de Sévigné, Voltaire.*
Chaumonot (Ch.-Alb.).	*Charles-Albert* (le docteur).
Chaumont (Léon de).	*Juvénal* (L.-C.).
Chausseblanche, fils d'un imprimeur de Rennes.	*Duquesnoy.*
Chavanges.	*Alphonse.*
Chazet (Alissan de).	*Edmond, Losier, Saint-Rémy.*
Chedet.	*Auguste.*
Chéron.	*Adolphe.*
Chesnel (Adolphe de).	*Alfred de Montferrand.*

Chevalier (J.-P.), de St-Amand.	*J.-P.-Ch. de Saint-Amand.*
Chevallier (Paul), art. dess.	*Gavarni.*
Chevalier (Pierre), de Nantes.	*Pitre-Chevalier.*
Chevalier (Mme Pitre).	*Lady Melville.*
Chezy (Ant.-Léon).	*A.-L. Apudy.*
Choquart.	*Adolphe.*
Clausade (Amédée), docteur en droit et en médecine.	*C. Dalause.*
Clausade (Gustave).	*Gust. Du Tarn.*
Clerel de Tocqueville.	*De Tocqueville.*
Clerjon (Pierre), de Vienne.	*Lorry* (Alphonse).
Clever (Aug.-Ch.), baron de Maldigny.	*Maldigny.*
Clonard (Ernest), aut. dram.	*Ernest.*
Cogey, auteur dramatique.	*Saint-Luc.*
Coizy (Félix de).	*Félix* (D.-C.).
Collin (Aug.-Sim.).	*J.-S.-C. de Saint-Albin.*
Collin des Gimées (Mlle Victorine).	*Des Gimées* (V. A.).
Congnet (l'abbé Henri).	Le R P. *Messias,* l'ab. *St. Pascal.*
Cornu, auteur dramatique.	*Francis.*
Cornu (Mme Hortense).	*Sébastien Albin.*
Cortambert (Mme).	*Latour* (Mme Charlotte).
Coster.	*Auguste.*
Couailhac (L.).	*Louis.*
Couailhac (Victor).	*Fradelle.*
Coursiers (Théodore).	*Jean Maurin.*
Courtier père et fils.	*Léopold, Maximilien.*
Courtray de Pradel.	*Eugène.*
Courville.	*Isidore.*
Cousen, de Saint-Malo.	*Courchamps* (le comte de), *Créqui* (la marq. de).
Crannay, auteur dramatique.	*Desperrières.*
Crapelet.	*Nantua.*
Creuzé de Lesser.	*Auguste.*
Croizette (Armand).	*Armand.*
Crosnier, auteur dramatique.	*Edmond.*
Curmer, aujourd'hui libr.-édit.	*Alexandre.*

D.

Damarin.	*Édouard, Ernest.*
Daniel.	*Auguste.*
Dartois (Achille), aut. dram.	*Achille.*
Dartois (Armand), aut. dram.	*Armand.*
David (Pierre), ancien consul de France, aujourd'hui député.	*Phalantée* (Sylvain).
Davrécourt.	*Antonin.*
Deaddé (E.), aut. dram.	*Montréal, Saint-Yves.*
Decombe, art. et aut. dram.	*Albert.*
Decomberousse.	*Alexis.*
Decomberousse, aut. dram.	*Hyacinthe, Montbrun.*
Decourchant.	*Auguste.*
Deforges, aut. dram.	*Alfred.*
Delahaye (G.), auteur dram. et rom.	*Jules, Saint-Aure* (Jules de).
Delalain (Édouard), marchand de draps, rue Saint-Honoré.	*Devilliers, Saint-Yves, Villiers* (Léon de).
Delamothe (Émile).	*Bréant* (A.), *Girardin* (Émile de).
Delatour de la Jonchère.	*Lajonchère.*
De Manne (Edmond), employé de la Bibliothèque royale.	*Bartevelle* (Alexis).
Demolière (Jules), aut. dram.	*Moléri.*
Deschez (L.-H.-A.), auteur dramatique belge.	*Jenneval.*
Descombes.	*Maurice* (Charles).
Desessarts d'Ambreville.	*Ambreville* (d'), *Gerin.*
Desnoyer (Ch.).	*Beaulieu* (Anatole de).
Desnoyers (Edmond), aut. dramatique.	*Biéville.*
Desormeaux (Mlle Charlotte), dame *Eilleaux.*	*De Sor* (Charlotte).

Devaux, aut. dram.	*Eugène.*
Devieu, aut. dram.	*Gustave.*
Dickens (Charles), littérat. angl.	*Boz.*
Diculafoy.	*Bernard.*
Dittmer et Cavé.	*Defongeray, Florentin.*
Dolgorouski (le prince P.).	*Almagro* (le comte d').
Dolivier, auteur dramatique.	*Rivoli* (Ed.), *Rudemain.*
Domillier de Thésigny, auteur dramatique.	*Thésigny.*
Dossion.	*Bernard.*
Dubois, auteur dramatique.	*Saint-Remy.*
Dubois, d'Avesnes.	*Davesnes.*
Dubourg (A.), aut. dram.	*Neuville.*
Du Boys (Albert).	*Challabot* (Al.-D. de).
Duchesne de la Picotière.	*La Picotière* (L.-D. de).
Dudevant (Mme Aurore), née Dupin.	*Sand* (George).
Duff (Mlle Nina), sœur de Mme la comtesse A. Adhémar.	*Nina* (Miss).
Duffaud (H.), auteur dram.	*Ludovic.*
Dufilhol.	*Kerardven.*
Dufourquet (Jenny), romancière.	*Bastide* (Jenny), *Bodin* (Mme Cam.), *Dufourquet* (Talaris).
Dugrail de la Villette (Charles-Bernard).	*Charles de Bernard.*
Dulong, auteur dramatique.	*Jules.*
Dumanoir, auteur dram.	*Philippe.*
Dumas (Alexandre) (1).	*Davy, Dermoncourt.*
Duperron.	*Bréjot* (Philippe de).
Dupetit-Meré, auteur dram.	*Frédéric.*
Dupeuty.	*Charles.*
Dupin, auteur dramatique.	*Henri.*
Duplessis, auteur dramatique.	*Dupré.*
Duport (Paul), auteur dram.	*Paulin.*
Dupuis-Delcourt, auteur dram.	*Henri, Octo.*

(1) Voyez la note de la page 27.

Durand de Beauregard, auteur dramatique. — *Luigi.*
Durantin, auteur dram. — *Villiers* (Léon de.
Duronceray (P. Lasgneau). — *Sphodrélis.*
Du Sillet (Cl.-Jos.-F.-Léon), de Dôle. — *Turpin* (l'archevêque).
Dutertre (Mme), née baronne de Carlowitz. — *Carlowitz* (la baronne de).
Duval (Henri), professeur de belles-lettres, ancien secrétaire du comte Las Cases. — *Cardelli* (P.), *D**** (le comte), *Marc-Luc-Roch-Polycarpe.*
Duvert, auteur dramatique. — *Félix.*
Duveyrier (Anne-Honoré-Joseph), aîné. — *Charles, Mélesville.*

E.

Étienne (Victor-Joseph), né à Jouy. — *Jouy* (de).
Eustache. — *Angel.*
Eymery (Alexis), de Saintes. — *Desaintes* (A. E.), *Talabot* (Mme la vicomt. de), *Saintes* (A. E. de).

F.

Fabert, auteur dramatique. — *Richard.*
Fabre, auteur dramatique. — *Victorin.*
Falaise de Verneuil. — *Verneuil* F. de).
Fayot (Frédéric). — *Carême, Molé* (Mme la comt.).
Ferré (Alex.), dit Saint-Firmin, auteur dramatique. — *Firmin, Saint Firmin.*

Ferrières (de).	*Bach* (Samuel).
Féval (Paul).	*Sol* (Daniel), *Trolopp* (sir Francis).
Fiennes (Ch. de).	*Matharel* (Charles de).
Fillot.	*Eugène*.
Foliguet (Eugène), aut. dram.	*Danvin*.
Follet (Aug.).	*Nus-Follet*.
Fontanelle (Julia).	*Bennati* (le docteur).
Fontaney.	*Feeling* (lord), *O'Donnor*.
Forgues (Émile Dauran).	*Old Nick, Tim*.
Foscolo (Ugo), littérateur italien, auteur des « Ultime Lettere di Jacopo Ortis, » traduites par M. Gosselin, adoptés l'un et l'autre par M. Alexandre Dumas.	
Fouques-Deshayes.	*Desfontaines de la Vallée*
Fournier.	*Edmond*.
Frémy (Arn.).	*Cournaud*.
Friedel (Mme).	*Alexandre*.

G.

Gabriel.	*Jules*.
Gachon de Molènes.	*G. de Molènes*.
Gallistines, auteur dram.	*Auguste*.
Galoppe d'Oncquaire (Cléon).	*Noëlc* (Petrus).
Gandonnière (Almire).	*Archiloque, Goulet* (le baron Paul de), *Lazare, Loué* (Philibert).
Garat (le chev.).	*Lhermitte* (Samuel).
Garnier (Jean-Joseph), de l'Acad. roy. des Inscript.	*Raigner de Malfontaine* (Mlle).
Garnier (Ant.).	*Ath I*er.

5.

Garnier (Paul-Aimé .   *Ariel, Reinrag* (P.), *Zéro* (Paül).
Gaugirand.   *Nanteuil.*
Gaulard Desaudray.   *Desaudray.*
Gauné.   *Hippolyte.*
Gautier.   *Alphonse.*
Gautier (Alexandre), médecin.   *Ag.*
Gautier (Aubin).   *Aristophane Philoradix.*
Gautier (J. Étienne).   *Dacheux* (Louis-Victor).
Gaviniès-Bauduin.   *Florville.*
Geindre, de Mancy.   *Mancy* (G. de).
Genoude (de).   *Genoud* (Antoine).
Gensoul.   *Justin.*
Gentil, auteur dram.   *Adolphe, Bernard.*
Gerdret.   *Georges, Gervais.*
Ghislain (Adolphe-Ch.-Math.).   *Mathieu.*
Gibory (F.-D.).   *Saint-Sard.*
Gigault de la Bédollière (Émile).   *Gigault.*
Gigault d'Olincourt.   *Olincourt* (d',.
Gille.   *Amable.*
Gilles (Fortuné), de St-Germain.   *Fortunatus* et *Fortuné, Saint-Germain* (G. de).
Gilles, de Pontoise.   *Antonin.*
Girard de Charbonnières.   *Charbonnières.*
Girardin (Émile Delamothe, plus connu sous le nom de).   *Bréant* (Adolphe).
Girardin (Mme Émile de).   *De Launay* (le vicomte).
Girardin (Marc), professeur, académicien et député.   *Saint-Marc Girardin.*
Girault (P.-A.-E.), de St-Fargeau (Yonne).   *Eusèbe G******.*
Girieux (Mlle Suzanne).   *Morency* (Illyrine de).
Gobet (P.-P.), acteur et auteur dramatique.   *Dorfeuille.*
Godart d'Aucourt de Saint-Just.   *Saint-Just.*
Godde (Caliste-Auguste), de Liancourt.   *Liancourt* (comte Auguste G. de).
Gombault (Auguste), aut. dram.   *Auguste, Depontchartin, Paulin.*
Goubaux (Prosper), auteur dra-   *Aubry* (P.), *Dinaux, Haute-*

matique, chef d'institution, à Paris. — *feuille*, *Orive* (d'), *Pierrefonds*.
Gouffé, auteur dram. — *Armand*.
Gouin (Édouard). — *Édouard*.
Gouraud (Mlle Julie). — *Aulnay* (Mlle Louise d').
Gourgault. — *Dugazon*, art. et aut. dram.
Goury, auteur dram. — *Auguste*.
Gradis, écrivain politique. — *Benjam*.
Grandsire. — *Narratius Viator*.
Gratet Duplessis. — *Duplessis* (G.).
Grégory, auteur dram. — *Achille*.
Grille (F.). — *Malvoisine*.
Guénard (Mme), baronne de Méré. — *Faverolles* (de), *Geller* G.-H.-B.), *Boissy* (M.-A.-L.).
Guérin (Léon). — *Mirbel* (Mme Léonie de).
Guérin (E.). — *Saint-Martin* (le marquis de).
Guesdon. — *Alexandre*.
Guesdon (Furcy). — *Mortonval*.
Guilbert de Pixérecourt. — *Charles*.
Guilhaud de La Vergne. — *Lavergne* (Alex. de).
Guillaume (Frédéric). — *Vaudoncourt* (le général G. de).
Guillemart. — *Soly* (Jules).
Guinot (Eugène). — *Durand* (Pierre), *Vermond* (Paul).
Gustaldy, auteur dram. — *Achille*.
Guyon. — *Froment*.

H.

Hapdé (Augustin), auteur dram. — *Antonin, Augutins*.
Hautefeuille (Mme la comt. d'). — *Anna-Marie*.
Héguin de Guerle. — *Charles*.
Hénaux (P.-S.-Victor), littérateur belge. — *Paulus Studens*.

Héquet.	*Gustave.*
Hertal.	*Ferdinand.*
Hertault, comte de Beaufort.	*Beaufort* (le comte de).
Hesse.	*Constantin.*
Hetzel, libraire-éditeur.	*Stahl.*
Heun, littér. allemand.	*Clauren.*
Hilaire (Marc), connu sous le nom de Marco de Saint-Hilaire.	*Émile de l'Empesé*, *Mangenville* (le chevalier de).
Hochené.	*Duverine.*
Hostein.	*Hippolyte.*
Hubert.	*Charles.*
Hubert-Laroche, auteur dram.	*Étoile* (de l').
Hugo (le comte Jos.-Léop. Sigisbert), lieutenant-général.	*Genty, Sigisbert* L.).
Hugo (Abel).	*Monnières.*
Hutin (Francisque), artiste et auteur dramatique.	*Francisque, Palmir.*

I.

Irving (Washington).	*Geoffrey Crayon*, *Diederich Knickerbocker.*

J.

Jacob, auteur dram.	*Ernest.*
Jadin, auteur dram.	*Adolphe.*
Jailly (G.-H. de).	*Gabriel* (Hector)
Jaime, auteur dram.	*Ernest.*

Jal (A.).	*Pictor* (Gabriel)
Janin (J.-Marie).	*Mély-Janin.*
Jarry de Mancy.	*Mancy* (J. de).
Jautard (Armand).	*Numa, Armand.*
Jourdain (Éloi).	*Sainte-Foi.*
Jourdan, auteur dram.	*Étienne.*

L.

Labenette.	*Corsse.*
Labesse.	*Amédée.*
Labiche, ancien chef de division du ministère de l'Intérieur.	*Duval* (Geo..
Labiche (E.), auteur dramat.	*Paul Dandré.*
Laborde.	*Alexandre.*
Labouïsse (Aug. de).	*Rochefort* (de).
Labourdonnaye de Blossac (Édouard), poëte.	*Blossac* (E. L. de).
Labrunie de Nerval (Gérard).	*Gérard.*
La Chabeaussière (Poisson de).	*La Chabeaussière.*
Lachaise, D. M.	*Désirabode, Tarau.*
Lacoste (Armand), aut. dram.	*Saint-Amand.*
Lacroix (Paul).	*Jacob* (P. L.) le bibliophile.
Lacroix de Marlès.	*Marlès.*
Lafaist (L.).	*Cimber* (L..
Laffilard, auteur dramatique.	*Décour* (Eugène).
Lafresnaye, de Barfleur (Manche), poëte.	*Philarmos.*
Lahaye de Cormenin	*Timon.*
La Harpe (Frédéric-César de).	*Alpina* (Julia), *Alpinus* (Julius).
Lallemand (le docteur).	*Germanos.*
Laloue, auteur dramatique.	*Ferdinand.*
La Maisonfort (le marquis de).	*Dubois* (Jos.).
Lamerlière, auteur dramatique	*Eugène.*

Lamothe-Langon (le bar.).	Le comte d'*Adhémar*, Sophie *Arnould*, le comte *Fabre* (de l'Aube), *Lanfranchi* (Louis-Rainier), *Lewis*, *Radcliffe* (Anne), *Variclery* (le vic. de).
Landais (Napoléon).	*Massy* (Eugène de).
Langlé (Ferdinand), auteur dramatique.	*Ferdinand*, *Sauvageot*.
Langlumé, auteur dramatique.	*Ferdinand*.
Lanoise (Eug. de).	*Aubert* (Eug.).
Lapierre de Chateauneuf (Agricol-H.).	*Châteauneuf* (de).
Larguèze, auteur dramatique.	*Selneuve*.
Laroche, auteur dramatique.	*Hubert*.
La Rochefoucauld-Liancourt (le marquis Frédéric-Gaëtan de).	*Condorcet*, *Gaulay* (David), *Gaëtan* (Frédéric), *Montchevereau* (L.-R. de).
Latouche (H).	*Bernard*.
Latour (Jean), D. M.	*Raymond* (Jean).
Laurençot (C.-H.-L.), auteur dramatique.	*Léonce*.
Laurent (P.-M.), de l'Ardèche.	*Uranell de Leuze*.
Laurey, auteur dramatique.	*Eugène*.
Lavaissière de Lavergne (Alex.-Mar.-Anne).	*Lavergne* (Alex. de).
Lavergnat (Mme).	*Denoix* (Mme Fanny).
Laya, auteur dramatique.	*Léon*, *Regnault* (Alphonse).
Lebas, auteur dramatique.	*Eugène*.
Leblanc, auteur dramatique.	*Jules*.
Leblanc de Ferrière.	*Leblanc*, *Ferrière*.
Lebon (Mme).	*Brambilla*.
Le Brisoys des Noires-Terres.	*Desnoiresterres*, *Anna Fauchet*.
Lecerf, auteur dramatique.	*Auguste*.
Le Chevalier, ancien conservateur de la bibl. Ste-Geneviève.	*Koliadès* (Constantin).
Le Clerc (Mlle), fille d'un lieutenant-colonel.	*Saint-Martin* (Henriette de).
Lecoq (P.-J. C.)	*Darcourt*.

— 73 —

Leflocq (Victor).	*Martiney* (Léon).
Lefranc (Auguste), aut. dram.	*Danvin*.
Legay (L.-P.-P.), fécond romancier.	*Belair*.
Legrand, auteur dramatique.	*Armand*.
Lelarge, auteur dramatique.	*Beuzeville*.
Léliou.	*Adrien*.
Leluault de Mancelière (Mme).	*Oreb* (Pierre).
Lemoine (Adolphe), aut. dram.	*Montigny*.
Léo-Lespès.	*Vieuxbois* (la marquise de).
Lepage (Charles).	*Niade* Hippolyte).
Lepileur de Brévannes (Henry).	*Brévannes* (Henry de).
Lepoitevin de Légreville, dit de Saint-Alme.	*Legreville, Prosper, Saint-Alme, Viellerglé*.
Le Prevost d'Arlincourt (Victor).	*Arlincourt* (le vicomte d').
Lerebours, auteur et art. dram.	*Victor* (Pierre).
Leroy, baron d'Allarde.	*Charles, Francis*.
Leroy de Bacre (Mme de).	*Bacre* (Mme L.-R*** de).
Lerozay, auteur dramatique.	*Eugène*.
Letellier (Alfred).	*Duhuc* (Alfred).
Letellier (Charles), de St-Malo.	*Raoul* (Maximilien).
Letocq, auteur dramatique.	*Francisque*.
Letorzec (Aristide), de Nantes, artiste dramatique.	*Lajariette*.
Levesque, auteur dramatique.	*Hippolyte*.
Lhéric, auteur dramatique.	*Brunswick* (Léon).
Lhéritier (de l'Ain).	*Blondet* (Hippolyte).
Livry (Ch. de).	*Charles*.
Loève-Weimars.	*Chamilly* (la vicomtesse de).
Lœuillard d'Avrigny.	*Avrigny* (d').
Loignon.	*Marie*.
Longueville (Mme de).	*Espilly* (Marie d').
Louis-Philippe Ier, roi des Français (1).	*Vatout* (J.).

(1) Principal auteur du Catalogue historique et descriptif des tableaux appartenant à S. A. S. Mgr. le duc d'Orléans (1825-26, 4 vol. in-8), publié sous le nom de M. Vatout (Voy. notre « France littéraire. »)

Loyau (A.), d'Amboise, d'abord apprenti prêtre (1) ; après 1830, aut. dramatique, puis directeur du théâtre de la porte Saint-Antoine. — *Amboise* (Léon d'), *Loyau de Larcy*.

Lurieu (G. de). — *Gabriel*.

Lurine (Louis), auteur dram. — *Burgos* (L.).

Luthereau (J.-G.-A.). — *Le Normand* (Jacques), *Maigret* (Francisque), *Roberval* (le vicomte Hector de).

M.

Macaire (Stanislas). — *Montgray* (Anatole de).

Macaya, d'Avezac. — *Avezac* (d').

Machart (E.-F.-T.), anc. avocat-général. — *Darsigny*.

Magnien. — *Hippolyte*.

Maillard, auteur dram. — *Auguste, Théodore*.

Maillart (Oscar). — *Pichot* (Oscar).

Mainguet (Olivier). — *Penhoët* (Olivier et Tanneguy de).

Maizony de Lauréal. — *Lauréal*.

Mallian (Julien de). — *Julien*.

Mandelard, parodiste célèbre. — *Bobêche*.

Maquet (Auguste), nouvelliste, l'un des collaborat. habituels de M. Alex. Dumas, et qu'il nomme rarement ou point.

Marbouty (Mme), romancière. — *Brune* (Claire).

Mareschal (L.-N.). — *Bouline* (Pierre).

Marguery. — *Prosper*.

Marin (Scipion). — *Aristophane*, de Paris.

---

(1) Auteur d'un ouvrage mystique anonyme, intitulé « le Prêtre, » 1 vol. in-12, et d'une Vie de saint François de Sales.

Marion du Mersan, auteur dram.	*Du Mersan, Odry, Olympe* (Mme), *Théophile.*
Martin, auteur dram.	*Auguste.*
Martin (Alex.).	*Bernard* (Mme Catherine), *Dardanus.*
Martin (H.).	*Henri, Lubize, Saint-Ange, Vanderseen* (Mlle).
Martineau.	*Alexandre.*
Marville.	*Gonzalès.*
Massé.	*Zaghelli* (Aimé).
Masson.	*Mésenthère* (le docteur).
Masson (Ch.).	*Charles.*
Masson (Michel).	*Raymond* (Michel).
Mathieu (C.-J.-A.), de Dombasle.	*Dombasle.*
Maurice (Charles).	*Saint-Aguet* (Maurice).
Maurice (F.-M.), libr. à Paris.	*Maurbrun.*
Mellot frères.	*Constant.*
Ménégaut.	*Maugenet.*
Menestrier (Charles).	*Listener* (Richard).
Menestrier (Mlle Marie-Minette).	*Minette.*
Ménissier (Constant), aut. dram.	*Alfred, Benezech, Darlé.*
Mennechet (Édouard).	*Édouard.*
Mercier-Dupaty.	*Dupaty* (Emmanuel).
Mesnier (Alexandre).	*Ferney* (Paul).
Messant.	*Hippolyte, Hippolyte-Louis.*
Messias (le R. P.).	*Congnet* (l'abbé Henri).
Mévil.	*Eugène.*
Mevolhon, d'Angers.	*Penn* (Civique).
Micard.	*Croix* (Etienne).
Michaud l'aîné.	*Albins* (d').
Michel (Marc), auteur dram.	*Dandré* (Paul).
Mimaut de Méru.	*Saint-Rémy.*
Moithey (P.-J.), de Vouziers.	*Vouziers* (de).
Moline de Saint-Yon (le général A.).	*Saint-Yon.*
Monnais.	*Édouard, Ernest, Smith* (Paul).
Monnier (A.-H.).	*Albert-Henri.*

Monnier (D.).	*Rinmon* (de).
Monnier de la Sizeranne.	*Monnier* (Henri).
Montaudon (A.), de Valengin.	*Valengin* (A.-M. de).
Montbaud de Villeran, auteur dram.	*Villeran* (L.).
Montclaux d'Épinay.	*Épinay* (d').
Montgobert, aut. et art. dram.	*Gobert.*
Montherot.	*Balthasar* (le petit).
Moraux d'Omàtre (Mme).	*Georgeon* (Mlle).
Morisot.	*Mathias.*
Mortemart-Boisse (le baron).	*Wigmore* (lord.
Mossé.	*Lami.*
Mourier (Charles).	*Alfred, Charles, Valory.*
Mullot.	*Charles.*
Musset (Paul de).	*Paul.*

N.

Naigeon, auteur dramatique.	*Ruben.*
Nansouty (Mme la comtesse de).	*Adélaïde.*
Nascimento (Francisco-Manuale de).	*Filinto Elysio.*
Nezel (Théodore), auteur dram.	*Ernest, Théodore.*
Nicolaïe, auteur dramatique.	*Clairville.*
Nicolle, auteur dramatique.	*Édouard.*
Nicolopoulo, helléniste.	*Archias,* fils de Philopatris.
Nieuwenhuyzen (Gustave van), auteur dramatique.	*Vaez* Gustave).
Nioche de Tournay, aut. dram.	*Tournay* (de).
Nisard.	*Constant.*
Nodier (Charles).	*Néophobus* (le doct.).
Noé (de), artiste dessinateur et littérateur.	*Cham.*
Noël, auteur dramatique.	*Édouard.*
Noël (Ed.).	*Nouël* (Ed.).

Noirberne (Mme la vicomtesse),   *La Cressonnière* (la vicomt.).
née de La Cressonnière.
Nombret de Saint-Laurent.   *Charles, Saint-Laurent.*
Noyer (Prosper), littérat. belge.   *Prosper.*
Nus (Eug.).   *Nus-Follet.*

O.

Orcel-Dumolard.   *Dumolard.*
Overnay.   *Armand, Hudault.*
Ozanneaux, professeur.   *Georges.*
Ozenne (Mlle Louise).   *Baxton* (Camille), *Niel* (Jules).

P.

Paban (Mme Gabrielle).   *Collin de Plancy* (Mme), Marie d'*Heures.*
Pacault (Mlle Désirée).   *Moreau* (Mlle Elise).
Paillart, neveu de M. Pichat.   *Oscar.*
Paillot de Montabert.   *Montabert.*
Partout, directeur de l'hôpital Necker.   *Boyer.*
Pascallet (E.), de Saint-Sernin.   *Saint-Sernin* (E. P. de).
Pasquin (Antoine-Claude, bibliothécaire.   *Valéry.*
Paul.   *Bermont* (Ch. de).
Payn (Adrien), aut. dram.   *Adrien.*
Peignot (Gabriel), bibliographe.   *Berigal* (P.), le docteur *Calybariat*, de Saint-Flour, *Philomneste*, *Rambler* (Jacques).

Pellissier, auteur dramatique.	*Laqueyrie.*
Périn (René), auteur dramat.	*René.*
Pernet, auteur dramatique.	*Hyacinthe.*
Pernot, auteur dramatique.	*Colomb, Théodore.*
Peytel, l'un des anciens rédacteurs du Voleur.	*Benoît* (Louis).
Pezzi (Ch.-Ant.-M.), archiprêtre.	*Giacobi,* avocat.
Philibert, auteur dramatique.	*Alfred.*
Philibert, auteur dramatique.	*Bréjot* (Philippe de).
Philippe (Eugène), aut. dram.	*Adolphe, Amédée, Dennery* et *d'Ennery.*
Pichard.	*Dalicar* (Hippolyte).
Pichat.	*Alfred.*
Pichot (Amédée).	*Piskergill.*
Pierquin, de Gembloux, ou de Bruxelles.	*Giboux* (Moussu de), *Pierquin de Gembloux.*
Piestre (Pierre-Etienne), auteur dramatique.	*Cormon* (Eugène).
Pillet (Camille), auteur dramat.	*Camille.*
Pillet (Léon), auteur dramat.	*Léon, Renaud.*
Pinel (Scip.).	*Bennati* (le docteur).
Pineux (Amaury), membre de l'Académie des Inscriptions.	*Duval* (Amaury).
Pineux (Alexandre-Vincent), membre de l'Académie française, frère du précédent.	*Duval* (Alexandre-Vincent).
Pineux (Henri-Charles), frère des précédents.	*Duval* (Henri-Charles).
Pitois (P. Christian), neveu du libraire de ce nom.	*Christian* (P.).
Planard (Eugène), aut. dramat.	*Eugène.*
Planat.	*Mégalbe.*
Planche (Gustave).	. . . . .
Polanchel, auteur dramatique.	*Ferdinand.*
Ponroy (A.), poëte.	*Dicks* (George).
Porchat (J.-J.), de Genève, poëte et fabuliste.	*Valamont.*

Portelette.' | Ponet (Louis).
Potron, auteur dramatique. | Regnault.
Poujol fils, auteur dramatique. | Adolphe.
Pouyet (Emile), auteur dramat. | Saint-Albin, Vernisy.
Prémaray (Jules de), aut. dram. | Regnault et J. Regnault.
Prieur (Frédéric), aut. dramat. | Frédéric, Maillard.
Prou aîné. | Bonvoisin.
Provost. | Raymond (Elie).
Puysaye, auteur dramatique. | Charles.

Q.

Queyras. | Eurysaq.

R.

Raban, fécond romancier. | Boissy et Boissi.
Rabbe, auteur dramatique. | Léon.
Rabuteaux (A.). | Jumièges (Th.), Lassène (Ed.), Rab (Ed.).
Raisson (Horace). | Barba (J.-N.).
Ramond de la Croisette. | Charles.
Redon de la Chapelle. | Maxime, et Maximilien.
Regnier Destourbets. | Palman (Eug. de), Reter de Brighton, Tiberge (l'abbé).
Reinolds (Jean-Baptiste). | Guinan-Laoureins (J.-B.).
Renaud, auteur dramatique. | Ernest.

Revellière (Victor-Maxime), second fils de l'ancien député de ce nom, auteur dram.	*Revel* (Max.).
Revenaz, auteur dramatique.	*Édouard.*
Reybaud (Mme Charles).	*Arnaud* (Hippolyte).
Reybaud (Louis).	*Durocher* (Léon).
Ribbing (Adolphe), aut. dram.	*Adolphe, Leuven, Mésenthère* (le doct.).
Rigault, auteur dramatique.	*Pangloss* (Martin).
Robillard (Gustave).	*Avrigny* (d'), *Gustave.*
Rochefort, auteur dramatique.	*Edmond,* le doct. *Mésenthère.*
Rochette (Raoul), membre de l'Académie royale des inscriptions et belles lettres.	*Stempkovski* (J. de).
Rodrigues (Eugénie-Rébecca).	*Foa* (Eugénie).
Rogniat, neveu du général de ce nom.	*Norgiat.*
Romieu.	*Chamilly* (la vicomtesse de), *Kernoc* (Augusta).
Ronteix.	*Eugène, Léonard de Géreon, L.-R. de Toreinx.*
Roseily de Lorgues.	*Valblette.*
Rosier, auteur dramatique.	*Losier.*
Roth (Didier).	*Ahasverus,* le doc. *Beauvoir.*
Rousseau (Auguste).	*James* (Maxime).
Rousselet (Armand).	*Vermond* (Pierre).
Roustan.	*Philippe.*
Roux, auteur dramatique et directeur de théâtre.	*Dorsay.*
Roux de Laborie.	*Laborie.*
Rouxel (A.).	*Anthony R..* (Mme).
Roux (Gabriel).	*Andréas.*
Rozet, auteur dramatique.	*Philibert.*
Ruault (la comtesse de).	*Nardouet* (la comtesse de).
Ruelle (Charles), professeur.	*Claudius.*

S.

Saint-Charles (Guy de), auteur dramatique. — *Austin.*
Saint-Clair, aut. dram. — *Després.*
Saint-Geniès (Fr. de). — *Ambel* (Ch.-H. d').
Saint-Georges, aut. dram. — *Georges.*
Saint-Marcellin (J.-V.), fils naturel de Fontanes, aut. dram. — *Victor* (J.).
Saint-Mars (Mme la vicomt. de), née Cisterne de Courtiras. — *Ash* (d') et *Dash* (la comtesse).
Saint-Pol (le baron de). — *Paulny* (Paul de).
Sainte-Beuve. — *Delorme* (Joseph).
Salin. — *Alphonse, Aslin.*
Salins (Auguste), chef du balancier de la Monnaie, aut. dram. — *Snilas.*
Salverte (Mme B. de), d'abord — *Claret de Fleurieu* (Mme).
Sarrazin de Montferrier (A.). — *Montferrier* (A.-S. de).
Saulcy (Louis-Félicien-Joseph Caignart de), membre de l'Académie royale des inscriptions et belles-lettres. — *Blaghenberg* (Van).
Saulnier (Anatole). — *Lambert* (Émile).
Sauzay (Ch.-Ant.-Alex.). — *Alzay.*
Scaliette. — *Victorien.*
Scribe, de l'Académie française. — *Eugène, Félix.*
Second (Louis), aut. dram. — *Féréol.*
Sédillot (L.-A.). — *Lamst.*
Seel (Pierre), chansonnier. — *Constant.*
Séguier (Maurice). — *Maurice.*
Ségur (le vicomte de). — *Alexandre.*
Senkousky. — *Tudundju - Oglou - Moustafa - Aga.*
Serviez (A. de). — *Viarz* (Maurice de).

— 82 —

Seyffried.	*Beethoven* (Van).
Shaler.	*Apicius Frissgern.*
Simart, aut. dram.	*Isidore.*
Simon (Joseph-Philippe), art. et aut. dram.	*Lockroy.*
Simon, aut. dram.	*Henri.*
Smith, archéologue.	*Old Book.*
Soiron, aut. dram.	*Gabriel.*
Souvestre (Emile).	*Loiseleur* (J.).
Spach (Edouard), romancier.	*Lavater* (L.).
Specht (A.).	*Le Pic* (Germanus).
Stapleton (Eugène), aut. dram.	*Hus* (Eugène).
Stewart (miss).	*Dudley* (Arthur), *Flassan* (Maurice de).
Suppernant (Charles).	*Daniel* (Carle).

T.

Tardif, aut. dram.	*Alexandre.*
Tastet, aut. dram.	*Tyrtée.*
Tavernier, aut. dram.	*Louis.*
Taviand, aut. dram.	*Vianadt.*
Taylor (le baron).	*Raymond.*
Tenaille. *Voyez* Vaulabelle.	
Teste (Charles).	*Reschastelet.*
Théaulon, aut. dram.	*Léon.*
Thierry, art. et aut. dram.	*Albert.*
Thiéry.	*Yreith.*
Thouin, aut. dram.	*Barthélemy.*
Tilleul, aut. dram.	*Alfred.*
Touchimbert (la comtesse de).	*Basta* (A.).
Tournemine (P.), aut. dram., directeur du petit théâtre du Luxembourg.	*Baron, Berthier* (Louis), *Lesieur* ou *Lesueur.*

Tourret (Gasp.), aut. dram.   *Amédée.*
Touzet, aut. dram.   *Léonard.*
Tuffet (Salvador), art. et aut. dram.   *Salvador.*
Tully, aut. dram.   *Henri, Pangloss* (Martin).

V.

Vacquerie (A.).   *Mout.*
Vallon de Villeneuve.   *Ferdinand, de Villeneuve.*
Vanderburch (Émile).   *Chamilly* (la vicomtesse de).
Vandeweyer (Sylvain), Belge.   *Goubeau de Rospoel, La Marre,* (Victor de).
Varin, aut. dram.   *Victor.*
Varlety, littérateur anglais, auteur d'une nouvelle traduite en français.   *Dumas* (Alex.).
Varnier (Jules), aut. dram.   *Dalcy* (George).
Vatout (J.), député.   *Bergami, Montpensier* (le duc de).
Vaulabelle (1) (Éléonore).   *Beauchêne, Cordier* (Jules), *Desprez* (Ernest).
Vée, aut. dram.   *Duchaume.*
Verdier de Lacoste (le chevalier Henri), aut. dram.   *Lacoste* (le chev. H.).
Vernet (Jules).   *Lozet.*
Véry, aut. dram.   *Alexandre.*
Veuillot (Louis).   *Piperel* (Jean).
Veyrat, aut. dram.   *Xavier.*
Vidal, aut. dram.   *Céran.*

(1) Quelques personnes, se prétendant bien informées, affirment que ce nom est le pseudonyme de *Ténaille.* Le prénom de M. Éléonore serait également un nom substitué à celui de Mathieu.

Vieillard, bibliothécaire de l'Arsenal, aut. dram.	*Jules.*
Vieu (de), aut. dram.	*Gustave.*
Viguier, aut. dram.	*Adrien.*
Villain de Saint-Hilaire.	*Amable, Saint-Hilaire.*
Villemarest (Max. de).	*Avrillon* (Mlle), *Blangini*, composit. de musique; de *Bourrienne, Boury* (Adèle), *Constant*, valet de chambre de Napoléon; *Holstein* le vic. d').
Villeneuve (de).	*Mésenthère* (le docteur).
Vilmot (Henri), aut. dram.	*Henri.*
Viollet d'Épagny, aut. dram.	*Charles, d'Épagny, Tevoli.*
Volleau, aut. dram.	*Revel.*
Vulpian, avocat, et aut. dram.	*Gustave.*

W.

Wailly (Gustave de), aut. dram	*Gustave.*
Wailly (Jules de), aut. dram.	*Devorme, Senan* (Mme Marie).
Woillez (Eugène).	*Ozelli* (W.).

FAUTES ESSENTIELLES A CORRIGER.

Page 3, ligne 15. Au lieu de Grimma, in-8°, lisez in-16. Le reste de la note a rapport à un précédent ouvrage que nous avons tenu entre les mains, à Vienne, en 1832, mais dont nous ne nous rappelons ni le titre, ni le nom de l'auteur.

Même page, note 2. La *Bibliotheca Aprosiana* n'est point in-fol., mais petit in-12, de 732 pag., non compris 40 pages de pièces préliminaires.

Page 50, prem. col., 24ᵉ ligne. Le premier vol. de l'ouvrage cité a paru anonyme. On l'a généralement attribué à M. H. Martin; et bien que, pour démentir cette attribution, M. A. de Vaulabelle ait mis son nom au deuxième volume, plusieurs personnes n'en ont pas moins persisté, mais à tort, à considérer ce livre comme étant de l'historien auquel on l'avait généreusement prêté dans l'origine.